税收业务知识速学手册

中国注册税务师协会　编

中国税务出版社

图书在版编目（CIP）数据

税收业务知识速学手册 / 中国注册税务师协会编 .
-- 北京 : 中国税务出版社，2018.5（2018.12 重印）
ISBN 978-7-5678-0691-7

Ⅰ . ①税… Ⅱ . ①中… Ⅲ . ①税收管理 - 中国 - 手册
Ⅳ . ① F812.423-62

中国版本图书馆 CIP 数据核字（2018）第 088701 号

书　　名：税收业务知识速学手册
作　　者：中国注册税务师协会　编
责任编辑：庞　博　张　敏
责任校对：于　玲
技术设计：刘冬珂
出版发行：中国税务出版社
　　　　　北京市丰台区广安路 9 号国投财富广场 1 号楼 11 层
　　　　　邮政编码：100055
　　　　　http: //www.taxation.cn
　　　　　E-mail: swcb@taxation.cn
　　　　　发行中心电话：（010）83362083/86/89
　　　　　传真：（010）83362046/47/48/49
经　　销：各地新华书店
印　　刷：天津嘉恒印务有限公司
规　　格：787 毫米 ×1092 毫米　1/16
印　　张：13.75
字　　数：204000 字
版　　次：2018 年 5 月第 1 版　2018 年12月第 8 次印刷
书　　号：ISBN 978-7-5678-0691-7
定　　价：49.00 元

《税收业务知识速学手册》
编 委 会

主　编：宋　兰

副主编：李林军

编　委：权芳楼　高存玉　张晓平　李　敏
　　　　张　菁　李宗定　李　连　曲　军
　　　　崔冰冰　李文荣　黄宏斌

执　笔：丁　芸　赵迎春　艾　华　包新民

编者说明

为帮助税务干部更新税收业务知识，快速提高业务能力，更好地适应深入推进国税地税征管体制改革的需要，中国注册税务师协会编写了《税收业务知识速学手册》。

本书立足岗位学习、突出知识通用，强调内容简洁、着眼快速掌握，与其他税收业务用书相比，在内容设计上有三个主要特点：

一是以现行税种为切入点，涵盖税法基础概述、货物和劳务税类、所得税类、财产和行为税类共4个部分内容，一册在手全面了解业务知识。

二是以税制要素为知识点，分别从税收基本理论和现行18个税种的纳税义务人、征税范围、税率、计税依据、应纳税额的计算、征收管理、纳税申报等对相关知识和规定进行归纳提炼，重点、难点一目了然。

三是以快捷学习为出发点，共收录45个典型案例，生动讲解政策运用和处理技巧，帮助税务干部快速了解和掌握基本业务知识，熟悉相关流程，提高工作技能。

由于时间和水平所限，书中错漏之处在所难免，敬请读者批评指正。

编 者

2018 年 5 月

目录 Contents

1 税法基础概述

1.1 税收实体法概述

1.1.1 税收实体法基本要素

1.1.1.1 纳税义务人

纳税义务人简称纳税人，是税法中规定的负有纳税义务的单位和个人，也称纳税主体。纳税义务人一般分为自然人和法人两种。

实际纳税过程中与纳税义务人相关的概念：

1. 负税人。负税人是实际负担税款的单位和个人。纳税人如果能够通过一定途径把税款转嫁或转移出去，纳税人就不再是负税人。否则，纳税人同时也是负税人。

2. 扣缴义务人。扣缴义务人是指税法规定的负有扣缴义务的单位和个人。具体分为以下三种：

（1）代扣代缴义务人。代扣代缴义务人是指有义务从持有的纳税人收入中扣除其应纳税款并代为缴纳的企业、单位或个人。如根据《个人所得税法》规定，个人所得税以所得人为纳税义务人，以支付所得的单位或个人为扣缴义务人。

（2）代收代缴义务人。代收代缴义务人是指有义务借助与纳税人的经济交往而向纳税人收取应纳税款并代为缴纳的单位。如受托加工单位代收代缴消费税。

（3）代征代缴义务人。代征代缴义务人是指因税法规定，受税务机关委托而代征税款的单位和个人。如进口环节增值税、进口环节消费税由海关代征。

例 1-1

某白酒厂销售白酒取得收入要交税，该白酒厂是增值税和消费税的纳税人，但不是负税人，负税人是购买白酒的消费者。如果该白酒厂用粮食委托甲企业加工白酒，甲企业要代收代缴消费税，甲企业就是代收代缴义务人。

1.1.1.2 课税对象

课税对象是征税的目的物，决定对什么征收。第一，课税对象是一种税区别于另一种税的最主要标志。第二，课税对象体现着各种税的征税范围。第三，其他要素的内容一般都是以课税对象为基础确定的。与征税对象有关的概念有以下两个：

1. 计税依据。计税依据是指税法中规定的据以计算各种应征税款的依据或标准。

不同税种的计税依据是不同的。我国增值税的计税依据是货物和应税劳务的增值额；所得税的计税依据是应纳税所得额；消费税的计税依据是应税产品的销售额。计税依据在表现形态上一般有两种：一种是价值形态，即以征税对象的价值作为计税依据，这种情况下，课税对象和计税依据一般是一致的；另一种是实物形态，就是以课税对象的数量、重量、容积、面积等作为计税依据，在这种情况下，课税对象和计税依据一般是不一致的。

2. 税目。税目是税法中对征税对象分类规定的具体的征税品种和项目，是课税对象的具体化，反映具体的征税范围。不是所有的税种都规定税目，有些税种的课税对象简单、明确，没有另行规定税目的必要。

1.1.1.3 税率

税率是应纳税额与课税对象之间的比例，是计算税额的尺度，代表课税的深度。

1. 比例税率。

比例税率是指对同一征税对象或同一税目，不论数额大小只规定一个比例，都按同一比例征税，税额与课税对象成正比例关系。

在具体运用上，比例税率又可分为以下三种：

（1）产品比例税率，即一种（或一类）产品采用一个税率。我国现行的消费税、增值税等都采用这种税率形式。

（2）地区差别比例税率，即对同一课税对象，按照不同地区的生产水平和收益水平，采用不同的税率。

（3）有幅度的比例税率，即对同一课税对象，税法只规定最低税率和最高税率。在这个幅度内，各地区可以根据自己的实际情况确定适当的税率。

2. 累进税率。

累进税率是指同一课税对象，随数量的增大，征收比例也随之增高的税率，表现为将课税对象按数额大小分为若干等级，不同等级适用由低到高的不同税率，包括最低税率、最高税率和若干等级的中间税率。我国目前税制中采用累进税率形式的有以下两种：

（1）超额累进税率，是分别以课税对象数额超过前级的部分为基础计算应纳税的累进税率。采用超额累进税率征税的特点是：①计算方法比较复杂，征税对象数量越大，包括等级越多，计算步骤也越多；②累进幅度比较缓和，税收负担较为合理。特别在征税对象级次分界点上下，只就超过部分按高一级税率计算，一般不会发生增加的税额超过增加的征税对象数额的不合理现象，有利于鼓励纳税人增产增收；③边际税率和平均税率不一致，税收负担的透明度较差。

超额累进税率是各国普遍采用的一种税率。为解决超额累进税率计算税款比较复杂的问题，在实际工作中引进了“速算扣除数”，通过预先计算出的速算扣除数，即可直接计算应纳税额。

（2）超率累进税率，是指以课税对象数额的相对率为累进依据，按超累方式计算应纳税额的税率。

3. 定额税率。

定额税率又称固定税额。这种税率是根据课税对象的计量单位直接规定固定的征税数额。课税对象的计量单位可以是重量、数量、面积、体积等自然单位，也可以是专门规定的复合单位。

4. 其他形式的税率。

（1）名义税率与实际税率。

（2）边际税率与平均税率。

（3）零税率与负税率。

1.1.1.4 减税、免税

减税、免税是对某些纳税人或课税对象的鼓励或照顾措施。减税是从应征税款中减征部分税款；免税是免征全部税款。

1. 减免税的基本形式。

（1）税基式减免，即通过直接缩小计税依据的方式实现的减税、免税。具体包括起征点、免征额、项目扣除以及跨期结转等。

起征点是征税对象达到一定数额开始征税的起点，免征额是在征税对象的全部数额中免予征税的数额。起征点与免征额同为征税与否的界限，对纳税人来说，在其收入没有达到起征点或没有超过免征额的情况下，都不征税。当纳税人收入达到或超过起征点时，就其收入全额征税；而当纳税人收入超过免征额时，则只就超过的部分征税。项目扣除是指在课税对象中扣除一定项目的数额，以其余额作为依据计算税额。跨期结转是将以前纳税年度的经营亏损等在本纳税年度经营利润中扣除，也等于直接缩小了税基。

例 1-2

某人开了一个小商店，年收入 3.1 万元，当地增值税起征点是 3 万元，该收入就要全额缴税；如果免征额是 3 万元，仅需就 0.1 万元缴税。

（2）税率式减免，即通过直接降低税率的方式实行的减税、免税。具体包括重新确定税率、选用其他税率、零税率等形式。

（3）税额式减免，即通过直接减少应税额以及纳税额的方式实行的减税、免税。具体包括全部免征、减半征收、核定减免率、抵免税另定减征税额等。

2. 减免税的分类。

（1）法定减免，是减免税的一种分类，凡是由各种税的基本法规定的减税、免税都称为法定减免。它体现了该种税减免的基本原则规定，具有长期的适用性。法定减免必须在基本法规中明确列举减免税项目、减免税的范围和时间。

（2）临时减免，又称困难减免，是指除法定减免和特定减免以外的其他临时性减税、免税，主要是为了照顾纳税人的某些特殊的暂时的困难，而临时批准的一些减税、免税。它通常是定期的减免税或一次性的减免税。

（3）特定减免，是根据社会经济情况发展变化和发挥税收调节作用的需要，而规定的减税、免税。特定减免主要有两种情况：一是在税收的基本法确定以后，随着国家政治经济情况的发展变化所做的新的减免税补充规定；二是在税收基本法中，不能或不宜一一列举，而采用补充规定的减免税形式。

3. 税收附加和税收加成。

税收附加也称为地方附加，是地方政府按照国家规定的比例随同正税一起征收的列入地方预算外收入的一种款项。正税是指国家正式开征并纳入预算内收入的各种税收。税收附加由地方财政单独管理并按规定的范围使用，不得自行变更。例如，教育费附加只能用于发展地方教育事业。税收附加的计算方法是以正税税款为依据，按规定的附加率计算附加额。

税收加成是指根据税制规定的税率征税以后，再以应纳税额为依据加征一定成数的税额。加征一成相当于纳税额的10%，加征成数一般规定在一成至十成。例如，根据《个人所得税法》规定，对劳务报酬所得畸高的，可以实行加成征收，加五成或十成。

1.1.1.5 纳税环节

纳税环节是指税法上规定的课税对象从生产到消费的流转过程中应当缴纳税款的环节。纳税环节有广义和狭义之分。广义的纳税环节指全部课税对象在再生产中的分布情况。狭义的纳税环节是指应税商品在流转过程中应纳税的环节，具体指每一种税的纳税环节，是商品课税中的特殊概念。按照纳税环节的多少，可将税收课征制度划分为两类即一次课征制和多次课征制。

1.1.1.6 纳税期限

纳税期限是纳税人向国家缴纳税款的法定期限。我国现行税制的纳税期限有以下三种形式：

1. 按期纳税，即根据纳税义务的发生时间，通过确定纳税间隔期，实行按日纳税。按期纳税的纳税间隔期分为 1 日、3 日、5 日、10 日、15 日、1 个月、1 个季度，共 7 种期限。

2. 按次纳税，即根据纳税行为的发生次数确定纳税期限。如车辆购置税、耕地占用税。

3. 按年计征，分期预缴或缴纳。即按年度计算征收，分月或季度进行预缴或缴纳。如企业所得税按规定的期限预缴税款，年度结束后汇算清缴，多退少补。

1.1.2 税收实体法体系

我国现行税收制度体系（也称税收实体法体系），由 18 个税种的实体法构成。按现行管理机构职责分工可分为货物和劳务税类、所得税类、财产和行为税类，见表 1–1。

表 1–1 我国现行税种体系及分类

货物和劳务税类	所得税类	财产和行为税类	
增值税	企业所得税	车船税	资源税
消费税	个人所得税	船舶吨税	环境保护税
车辆购置税		房产税	印花税
关税		城镇土地使用税	契税
		土地增值税	烟叶税
		耕地占用税	城市维护建设税

1.2 税法程序法概述

1.2.1 税收管理体制

税收管理体制是在各级国家机构之间划分税收管理权限的制度。税收管理权限的划分有纵向划分和横向划分的区别。纵向划分是指税权在中央与地方国家机构之间的划分；横向划分是指税权在同级立法、司法、行政等国家机构之间的划分。

税收管理权限，包括税收立法权、税收法律法规的解释权、税种的开征或停征权、税目和税率的调整权、税收的加征和减免权等。如果按大类划分，可以简单地将税收管理权限划分为税收立法权和税收执法权两类。

1.2.2 税收立法权的划分

1. 全国性税种的立法权，即全部中央税、中央与地方共享税和在全国范围内征收的地方税税法的制定、公布和税种的开征、停征权，属于全国人民代表大会（以下简称全国人大）及其常务委员会（以下简称常委会）。

2. 经全国人大及其常委会授权，全国性税种可先由国务院以“条例”或“暂行条例”的形式发布施行。经一段时期后，再行修订并通过立法程序。由全国人大及其常委会正式立法。

3. 经全国人大及其常委会授权，国务院有制定税法实施细则、增减税目和调整税率的权力。

4. 经全国人大及其常委会的授权，国务院有税法的解释权；经国务院授权，国家财政税务主管部门（财政部和国家税务总局）有税收条例的解释权和制定税收条例实施细则的权力。

5. 经省级人民代表大会及其常务委员会授权，省级人民政府有本地区地方税法的解释权和制定税法实施细则、调整税目税率的权力，也可在上述规定的前提下，制定一些税收征收办法，还可以在全国性地方税条例规定的幅度内，确定本地区适用的税率或税额。上述权力除税法解释权外，在行使后和发布实施前须报国务院备案。

1.2.3 税务机构设置和税收征管范围划分

1.2.3.1 税务机构设置

根据 1994 年分税制财政管理体制的需要，中央政府设立国家税务总局（正部级），省及省以下税务机构分为国家税务局和地方税务局两个系统。

根据 2018 年国务院机构改革方案，省级和省级以下国税、地税机构将合并，具体承担所辖区内各项税收、非税收入征管等职能。国税、地税合并后，实行以国家税务总局为主与省（区、市）人民政府双重领导管理体制。

1.2.3.2 税收征收管理范围

目前，我国税收分别由财政、税务、海关等系统负责征收管理。

根据国务院关于实行分税制财政管理体制的决定，按税种划分中央和地方的收入。中央税如消费税、关税；中央与地方共享税如增值税等；地方税如契税、土地增值税等。

2 货物和劳务税类

2.1 增值税

2.1.1 纳税人

2.1.1.1 纳税人的认定

1. 在中华人民共和国境内销售货物或者加工、修理修配劳务，销售服务、无形资产、不动产以及进口货物的单位和个人，为增值税的纳税人。

单位是指一切从事销售或进口货物、提供劳务、销售服务、无形资产或不动产的单位，包括企业、行政单位、事业单位、军事单位、社会团体及其他单位。

个人是指从事销售或进口货物、提供应税劳务、销售应税服务、无形资产或不动产的个人，包括个体工商户和其他个人。

单位租赁或承包给其他单位或者个人经营的，以承租人或承包人为纳税人。

对报关进口的货物，以进口货物的收货人或办理报关手续的单位和个人为进口货物的纳税人。对代理进口货物，以海关开具的完税凭证上的纳税人为增值税纳税人。

2. 扣缴义务人。境外的单位或个人在境内销售应税劳务而境内未设有经营机构的，其应纳税款以代理人为扣缴义务人；没有代理人的，以购买者为扣缴义务人。

2.1.1.2 纳税人分类

我国现行增值税对纳税人实行一般纳税人和小规模纳税人的划分。

1. 一般纳税人认定。

年应税销售额超过财政部、国家税务总局规定的小规模纳税人标准的，除另有规定外，应当向主管税务机关申请一般纳税人资格登记。

上述所称年应税销售额，是指纳税人在连续不超过12个月的经营期内累计应征增值税销售额，包括纳税申报销售额、稽查查补销售额、纳税评估调整销售额、税务机关代开发票销售额和免税销售额。

经营期是指在纳税人存续期内的连续经营期间，含未取得销售收入的月份。

除试点实施前已取得增值税一般纳税人资格并兼有应税服务的试点纳税人外，营改增应税行为年销售额超过500万元的试点纳税人，应向主管税务机关申请办理增值税一般纳税人资格登记。

营改增是指2016年5月1日开始试行的营业税改征增值税的税收制度改革。

2. 小规模纳税人认定。

年应征增值税销售额500万元以下①。

3. 纳税人特殊情况认定。

年应税销售额未超过规定标准的纳税人，会计核算健全，能够提供准确税务资料的，可以向主管税务机关办理一般纳税人资格登记，成为一般纳税人。会计核算健全，是指能够按照国家统一的会计制度规定设置账簿，根据合法、有效凭证核算。

不经常提供应税服务的非企业性单位、企业和个体工商户可选择按照小规模纳税人纳税。

增值税小规模纳税人偶然发生的转让不动产的销售额，不计入应税行为年应税销售额。

纳税人登记为一般纳税人后，不得转为小规模纳税人，国家税务总局

① 2018年5月1日起实施。2018年5月1日前，小规模纳税人的认定标准：① 年应税销售额在50万元（含50万元）以下的，从事货物生产或提供应税劳务的纳税人，以及以从事货物生产或提供应税劳务为主，并兼营货物批发或零售的纳税人。② 年应税销售额在80万元（含80万元）以下的其他纳税人。③ 年应征增值税销售额标准为500万元（含500万元）以下的营改增应税行为的纳税人。

另有规定的除外。

已登记为增值税一般纳税人的单位和个人，在 2018 年 12 月 31 日前，可转登记为小规模纳税人，其未抵扣的进项税额作转出处理。

2.1.2 征税范围

2.1.2.1 一般规定

在中华人民共和国境内销售货物或者加工、修理修配劳务（以下简称劳务），销售服务、无形资产、不动产以及进口货物。

2.1.2.2 视同销售行为征税规定

1. 将货物交付他人代销。

2. 销售代销货物。

3. 设有两个以上机构并实行统一核算的纳税人，将货物从一个机构移送到其他机构用于销售，但相关机构设在同一县（市）的除外。

4. 将自产或委托加工的货物用于非应税项目。

5. 将自产、委托加工或购买的货物作为投资，提供给其他单位或个体经营者。

6. 将自产、委托加工或购买的货物分配给股东或投资者。

7. 将自产、委托加工的货物用于集体福利或个人消费。

8. 将自产、委托加工或购买的货物无偿赠送给他人。

例 2-1

某饭店为增值税一般纳税人，2018 年 2 月取得收入 300 万元，将外购部分食材分给职工，另将自制食品赠送顾客，有对外销售价格。其增值税应如何处理？

将外购食材分给职工，不征收增值税，属于进项税额不得抵扣的情形。将自制食品赠送顾客，应视同销售，征收增值税，购进的原材料可以抵扣。

2.1.2.3 兼营项目征税规定

纳税人兼营不同税率的项目，应当分别核算不同税率项目的销售额；未分别核算销售额的，从高适用税率。

2.1.2.4 不征税行为规定

1. 基本建设单位和从事建筑安装业务的企业附设工厂、车间在建筑现场制造的预制构件，凡直接用于本单位或本企业建筑工程的，不征收增值税。

2. 供应或开采未经加工的天然水（如水库供应农业灌溉用水，工厂自采地下水用于生产），不征收增值税。

3. 对国家管理部门行使其管理职能，发放的执照、牌照和有关证书等取得的工本费收入，不征收增值税。

4. 对增值税纳税人收取的会员费收入，不征收增值税。（各党派、共青团、工会、妇联、中科协、青联、台联、侨联收取党费、团费、会费，以及政府间国际组织收取会费，属于非经营活动，不征税。）

5. 纳税人取得中央财政补贴收入，不征收增值税。

6. 存款利息，不征收增值税。

7. 被保险人获得的保险赔付，不征收增值税。

8. 房地产主管部门或者其指定机构、公积金管理中心、开发企业以及物业管理单位代收的住宅专项维修资金，不征收增值税。

2.1.3 税率①

增值税税率分为16%、10%、6%三档税率和零税率。小规模纳税人实行简易征收，征收率为3%。

---

① 《财政部 国家税务总局关于调整增值税税率的通知》（财税〔2018〕32号）规定，自2018年5月1日起，纳税人发生增值税应税销售行为或者进口货物，原适用17%和11%税率的，税率分别调整为16%和10%。本书例题中所涉税率以具体时间为准。

2.1.3.1 16% 税率

纳税人销售货物、劳务、有形动产租赁服务或者进口货物，基本税率为 16%。

2.1.3.2 10% 税率

纳税人销售交通运输、邮政、基础电信、建筑、不动产租赁服务，销售不动产，转让土地使用权，销售或者进口下列货物，税率为 10%：

1. 粮食等农产品、食用植物油、食用盐。
2. 自来水、暖气、冷气、热水、煤气、石油液化气、天然气、二甲醚、沼气、居民用煤炭制品。
3. 图书、报纸、杂志、音像制品、电子出版物。
4. 饲料、化肥、农药、农机、农膜。
5. 国务院规定的其他货物。

2.1.3.3 6% 税率

纳税人销售服务、无形资产以及增值电信服务，除另有规定外，税率为 6%。

2.1.3.4 零税率

纳税人出口货物，税率为零（国务院另有规定的除外）；境内单位和个人跨境销售国务院规定范围内的服务、无形资产，税率为零。

境内的单位和个人销售适用增值税零税率的服务或无形资产的，可以放弃适用增值税零税率，选择免税或按规定缴纳增值税。放弃适用增值税零税率后，36 个月内不得再申请适用增值税零税率。

2.1.3.5 征收率

小规模纳税人符合征税标准的，征收率为 3%。

例 2-2

某酒店为增值税一般纳税人，2018 年 1 月提供住宿服务取得不含税收入 40 万元。请问该酒店缴纳增值税的适用税率是多少？

按现行增值税规定，酒店业属销售服务，适用税率为 6%。

2.1.4 计税依据

2.1.4.1 销售额

1. 一般销售额的确定。

销售额为纳税人销售货物或应税劳务向购买方收取的全部价款和价外费用。但是不包括收取的销项税额。由于消费税属于价内税，凡征收消费税的货物在计征增值税额时，其应税销售额应包括消费税税金。

其中，向购买方收取的各种价外费用包括手续费、补贴、基金、集资费、返还利润、奖励费、违约金、延期付款利息、滞纳金、赔偿金、包装费、包装物租金、储备费、优质费、运输装卸费、代收款项、代垫款项及其他各种性质的价外收费。上述价外费用无论其会计制度如何核算，都应并入销售额计税。但上述价外费用不包括以下费用：

（1）受托加工应征消费税的消费品，而由受托方向委托方代收代缴的消费税。这是因为代收代缴消费税只是受托方履行法定义务的一种行为，此项税金虽然构成委托加工货物售价的一部分，但它同受托方的加工业务及其收取的应税加工费没有内在关联。

（2）同时符合以下两个条件的代垫运费：承运部门的运费发票开具给购买方，并且由纳税人将该项发票转交给购买方的。在这种情况下，纳税人仅仅是为购货人代办运输业务，而未从中收取额外费用。

（3）同时符合以下条件代为收取的政府性基金或者行政事业性收费：

① 由国务院或者财政部批准设立的政府性基金，由国务院或者省级人

民政府及其财政、价格主管部门批准设立的行政事业性收费；

②收取时开具省级以上财政部门印制的财政票据；

③所收款项全额上缴财政。

（4）销售货物的同时代办保险等而向购买方收取的保险费，以及向购买方收取的代购买方缴纳的车辆购置税、车辆牌照费。

销售额以人民币计算。纳税人以人民币以外的货币结算销售额的，应当折合成人民币计算。

纳税人发生应税销售行为的价格明显偏低并无正当理由的，由主管税务机关核定其销售额。

2. 视同销售行为销售额的确定。

纳税人销售货物或应税劳务，无销售额或价格明显偏低而且无正当理由，主管税务机关有权按照下列顺序核定其计税销售额：

（1）按纳税人最近时期同类货物的平均销售价格确定。

（2）按其他纳税人最近时期同类货物的平均销售价格确定。

（3）组成计税价格确定销售额。其计算公式为：

不含消费税组成计税价格 = 成本 ×（1+ 成本利润率）

含消费税组成计税价格 = 成本 ×（1+ 成本利润率）÷（1− 消费税税率）

属于销售自产货物的为实际生产成本，属于销售外购货物的为实际采购成本。一般情况下，增值税成本利润率为10%。

3. 特殊销售方式的销售额。

（1）以折扣方式销售货物。

纳税人采取折扣方式销售货物，如果销售额和折扣额在同一张发票上分别注明，可以按折扣后的销售额征收增值税。销售额和折扣额在同一张发票上分别注明是指销售额和折扣额在同一张发票上的“金额”栏分别注明，未在同一张发票“金额”栏注明折扣额，而仅在发票的“备注”栏注明折扣额的，折扣额不得从销售额中减除。如果将折扣额另开发票，不论其在财务上如何处理，均不得从销售额中减除折扣额。

（2）以旧换新方式销售货物。

纳税人采取以旧换新方式销售货物的（金银首饰除外），应按新货物的同期销售价格确定销售额。

以旧换新方式销售金银首饰，以实际收取的不含增值税价款为销售额。

（3）还本销售方式销售货物。

纳税人采取还本销售货物的，不得从销售额中减除还本支出。

（4）采取以物易物方式销售。

以物易物双方都应作购销处理，以各自发出的货物核算销售额并计算销项税额，以各自收到的货物核算购货额及进项税额。

（5）直销企业增值税销售额确定。

① 企业先将货物销售给直销员，直销员再将货物销售给消费者的，直销企业的销售额为其向直销员收取的全部价款和价外费用。直销员将货物销售给消费者时，应按照现行规定缴纳增值税。

② 直销企业通过直销员向消费者销售货物，直接向消费者收取货款，直销企业的销售额为其向消费者收取的全部价款和价外费用。

（6）包装物押金计税问题。

纳税人为销售货物而出租出借包装物收取的押金，单独记账的、时间在1年内又未过期的，不并入销售额征税；但对逾期未收回不再退还的包装物押金，应按所包装货物的适用税率计算纳税。对销售除啤酒、黄酒以外的其他酒类产品收取的包装物押金，无论是否返还以及会计上如何核算，均应并入当期销售额征税。

（7）营改增试点行业特殊销售额的确定。

为了保证营改增的顺利过渡，合理计算营改增纳税人的增值税额，原营业税下的差额征税方式在营改增后依然有所保留。

销售额以纳税人取得的全部价款和价外费用扣除支付给其他纳税人的规定项目价款后的余额来计算税款。例如：

① 金融商品转让，按照卖出价扣除买入价后的余额为销售额；经纪代理服务，以取得的全部价款和价外费用，扣除向委托方收取并代为支付的政府性基金或者行政事业性收费后的余额为销售额。

② 人民银行、银监会或者商务部批准从事融资租赁业务的试点纳税人，提供融资租赁服务，以取得的全部价款和价外费用，扣除支付的借款利息（包括外汇借款和人民币借款利息）、发行债券利息和车辆购置税后的余额为销售额。

③ 纳税人提供旅游服务，可以选择以取得的全部价款和价外费用，扣除向旅游服务购买方收取并支付给其他单位或者个人的住宿费、餐饮费、交通费、签证费、门票费和支付给其他接团旅游企业的旅游费用后的余额为销售额。

④ 房地产开发企业中的一般纳税人销售其开发的房地产项目（选择简易计税方法的房地产老项目除外），以取得的全部价款和价外费用，扣除受让土地时向政府部门支付的土地价款后的余额为销售额。

⑤ 提供物业管理服务的纳税人，向服务接收方收取的自来水水费以收取的自来水水费扣除其对外支付的自来水水费后的余额为销售额。

⑥ 劳务派遣服务以取得的全部价款和价外费用，扣除代用工单位支付给劳务派遣员工的工资、福利和为其办理社会保险及住房公积金后的余额为销售额。

⑦ 纳税人提供建筑服务，选择适用简易计税方法的，以取得的全部价款和价外费用扣除支付的分包款后的余额为销售额。

⑧ 小规模纳税人销售其取得（不含自建）的不动产（不含个体工商户销售购买的住房和其他个人销售不动产）以取得的全部价款和价外费用减去该项不动产购置原价或者取得不动产时的作价后的余额为销售额。

⑨ 一般纳税人提供客运场站服务，以其取得的全部价款和价外费用，扣除支付给承运方运费后的余额为销售额。

⑩ 签证代理服务，以取得的全部价款和价外费用，扣除向服务接受方收取并代为支付给外交部和外国驻华使（领）馆的签证费、认证费后的余额为销售额。

例 2-3

某旅游公司为增值税一般纳税人，2018 年 2 月取得旅游销售额 260 万元，其中支付航空公司机票费 95 万元；支付当地住宿费 80 万元，餐饮费 20 万元，导游人员费用 5 万元。请问该公司缴纳增值税的销售额是多少？

根据现行规定，可以选择以取得的全部价款和价外费用，扣除向旅游服务购买方收取并支付给其他单位或者个人的住宿费、餐饮费、交通费、签证费、门票费和支付给其他接团旅游企业的旅游费用后的余额为销售额。因此：

计税销售额 = 260 − 95 − 80 − 20 = 65（万元）

2.1.4.2 进项税额

纳税人购进货物、加工修理修配劳务、服务、无形资产、不动产支付或者负担的增值税额，为进项税额。

1. 准予从销项税额中抵扣的进项税额。

（1）从销售方取得的增值税专用发票上注明的增值税额。

（2）从海关取得的海关进口增值税专用缴款书上注明的增值税额。

（3）购进农产品，除取得增值税专用发票或者海关进口增值税专用缴款书外，按照农产品收购发票或者销售发票上注明的农产品买价和 10% 的扣除率计算的进项税额，国务院另有规定的除外。进项税额计算公式为：

进项税额 = 买价 × 扣除率

纳税人购进用于生产销售或委托加工 16% 税率货物的农产品，按照 12% 的扣除率计算进项税额。

（4）自境外单位或者个人购进劳务、服务、无形资产或者境内的不动产，从税务机关或者扣缴义务人取得的代扣代缴税款的完税凭证上注明的增值税额。

（5）不动产进项税额的抵扣。适用一般计税方法的试点纳税人，2016 年 5 月 1 日后取得并在会计制度上按固定资产核算的不动产，以及 2016 年 5 月 1 日后发生的不动产在建工程，其进项税额应自取得之日起分 2 年从销项税额中抵扣，第一年抵扣比例为 60%，第二年抵扣比例为 40%。

（6）自 2018 年 1 月 1 日起，纳税人支付的道路、桥、闸通行费，按照以下规定抵扣进项税额：

① 纳税人支付的道路通行费，按照收费公路通行费增值税电子普通发票上注明的增值税额抵扣进项税额。

② 2018 年 1 月 1 日至 6 月 30 日，纳税人支付的高速公路通行费，如暂未能取得收费公路通行费增值税电子普通发票，可凭取得的通行费发票（不含财政票据，下同）上注明的收费金额按照下列公式计算可抵扣的进项税额：

$$\text{高速公路通行费可抵扣进项税额} = \text{高速公路通行费发票上注明的金额} \div (1+3\%) \times 3\%$$

③ 2018 年 1 月 1 日至 12 月 31 日，纳税人支付的一级、二级公路通行费，如暂未能取得收费公路通行费增值税电子普通发票，可凭取得的通行费发票上注明的收费金额按照下列公式计算可抵扣进项税额：

$$\text{一级、二级公路通行费可抵扣进项税额} = \text{一级、二级公路通行费发票上注明的金额} \div (1+5\%) \times 5\%$$

④ 纳税人支付的桥、闸通行费，暂凭取得的通行费发票上注明的收费金额按照下列公式计算可抵扣的进项税额：

$$\text{桥、闸通行费可抵扣进项税额} = \text{桥、闸通行费发票上注明的金额} \div (1+5\%) \times 5\%$$

2. 不得从销项税额中抵扣的进项税额。

（1）用于简易计税方法计税项目、免征增值税项目、集体福利或者个人消费的购进货物、加工修理修配劳务、服务、无形资产和不动产。

（2）非正常损失的购进货物以及相关的加工修理修配劳务和交通运输服务。

（3）非正常损失的在产品、产成品所耗用的购进货物（不包括固定资产）、加工修理修配劳务和交通运输服务。

（4）购进的旅客运输服务、贷款服务、餐饮服务、居民日常服务和娱乐服务。

纳税人接受贷款服务向贷款方支付的与该笔贷款直接相关的投融资顾问费、手续费、咨询费等费用，其进项税额不得从销项税额中抵扣。

（5）进项税额已经抵扣后改变用途，应从进项税额中转出。

例 2-4

某食品厂为增值税一般纳税人，2018 年 1 月从某面粉厂购进面粉 20 万元，购进甜味剂 5 万元，购进包装材料 15 万元，贷款利息支出 8 万元；业务招待费支出 3 万元，均取得增值税专用发票（金额为不含税金额）。请问上述哪些项目可以抵扣进项税额？

可以抵扣进项税额 $=20\times11\%+5\times17\%+15\times17\%=5.6$（万元）

（6）纳税人取得的增值税扣税凭证不符合法律、行政法规或者国家税务总局有关规定的，其进项税额不得从销项税额中抵扣。

2.1.5 应纳税额的计算

2.1.5.1 一般纳税人应纳税额计算公式

应纳税额 = 当期销项税额 − 当期进项税额

销项税额 = 销售额 × 税率

当期销项税额小于当期进项税额不足抵扣时，其不足部分可以结转下期继续抵扣。[①]

例 2-5

某物业公司为增值税一般纳税人，2017 年 12 月向某自来水公司支付自来水费 70 万元，向业主收取水费 80 万元，该物业公司选择简易计税办法。请计算当月该物业公司上述业务应该缴纳的增值税。

应纳税额 =（80－70）÷（1+3%）×3%=0.29（万元）

2.1.5.2 小规模纳税人应纳税额计算公式

应纳税额 = 销售额 × 征收率

例 2-6

甲运输公司（增值税小规模纳税人），2018 年 2 月取得运费收入 20 万元，支付车辆修理费 5 万元，过路费 3 万元，劳保用品 2 万元。请计算甲运输公司当月应缴纳的增值税。

应纳税额 =20÷（1+3%）×3%=0.58（万元）

2.1.5.3 进口货物应纳税额计算公式

应纳税额 = 组成计税价格 × 税率

组成计税价格 = 关税完税价格 + 关税 + 消费税

个人携带或者邮寄进境自用物品的增值税，连同关税一并计征。

① 为助力经济高质量发展，2018年对装备制造等先进制造业、研发等现代服务业和电网企业的增值税期末留抵税额予以退还。

例 2-7

某专卖店进口一批高档服装，关税完税价格折合人民币 60 万元，进口关税税率 8%。请计算该专卖店进口环节应缴纳的增值税。

应纳税额 =（60+60×8%）×17%=11.02（万元）

2.1.6 起征点规定

纳税人销售额未达到国务院财政、税务主管部门规定的增值税起征点的，免征增值税。

1. 销售货物的，为月销售额 5000 ~ 20000 元。

2. 销售应税劳务的，为月营业额 5000 ~ 20000 元。

3. 按次纳税的，为每次（日）销售额 300 ~ 500 元。

4. 为支持小微企业发展，自 2018 年 1 月 1 日至 2020 年 12 月 31 日，继续对月销售额 2 万元（含 2 万元）至 3 万元的增值税小规模纳税人，免征增值税。

例 2-8

甲工业生产企业为增值税一般纳税人，2018 年 3 月采取直接收款方式销售产品一批，取得不含税收入 150 万元，送货上门收取运费 8 万元、装卸费 2.3 万元（已取得相关发票）。采用分期收款方式销售产品一批，合同规定不含税销售额为 200 万元，本月收取 60% 的货款，其余货款于下月 10 日收取。由于购货方本月资金紧张，经协商，甲企业本月收到的不含税货款为 50 万元。本期购进原材料取得增值税专用发票，注明增值税 14.8 万元。请计算甲企业 3 月应纳增值税税额。

应纳税额 =（150+8+2.3）×17%+200×60%×17%−14.8=32.85（万元）

2.1.7 征收管理

2.1.7.1 纳税义务发生时间

1. 发生应税销售行为，为收讫销售款项或者取得索取销售款项凭据的当天；先开具发票的，为开具发票的当天。

2. 进口货物，为报关进口的当天。

增值税扣缴义务发生时间为纳税人增值税纳税义务发生的当天。

2.1.7.2 纳税地点

1. 固定业户应当向其机构所在地的主管税务机关申报纳税。总机构和分支机构不在同一县（市）的，应当分别向各自所在地的主管税务机关申报纳税；经国务院财政、税务主管部门或者其授权的财政、税务机关批准，可以由总机构汇总向总机构所在地的主管税务机关申报纳税。

2. 固定业户到外县（市）销售货物或者劳务，应当向其机构所在地的主管税务机关报告外出经营事项，并向其机构所在地的主管税务机关申报纳税；未报告的，应当向销售地或者劳务发生地的主管税务机关申报纳税；未向销售地或者劳务发生地的主管税务机关申报纳税的，由其机构所在地的主管税务机关补征税款。

3. 非固定业户销售货物或者劳务，应当向销售地或者劳务发生地的主管税务机关申报纳税；未向销售地或者劳务发生地的主管税务机关申报纳税的，由其机构所在地或者居住地的主管税务机关补征税款。

4. 进口货物，应当向报关地海关申报纳税。

扣缴义务人应当向其机构所在地或者居住地的主管税务机关申报缴纳其扣缴的税款。

2.1.7.3 纳税期限

纳税期限分别为1日、3日、5日、10日、15日、1个月或者1个季度。纳税人的具体纳税期限，由主管税务机关根据纳税人应纳税额的大小分别核定；不能按照固定期限纳税的，可以按次纳税。

纳税人以1个月或者1个季度为1个纳税期的，自期满之日起15日内申报纳税；以1日、3日、5日、10日或者15日为1个纳税期的，自期满之日起5日内预缴税款，于次月1日起15日内申报纳税并结清上月应纳税款。

扣缴义务人解缴税款的期限，依照上述规定执行。

纳税人进口货物，应当自海关填发海关进口增值税专用缴款书之日起15日内缴纳税款。

2.1.8 纳税申报

2.1.8.1 申报时间

纳税人应按期进行纳税申报，以1个月或1个季度为1个纳税期的，自期满之日起15日内申报纳税，遇最后一日为法定节假日的，顺延1日；在每月1日至15日内有连续3日以上法定休假日的，按休假日天数顺延。

2.1.8.2 报送资料

1. 纳税申报报表及其附列资料。

对于增值税一般纳税人，所需资料为：

（1）《增值税纳税申报表（一般纳税人适用）》（见附录一）。

（2）《增值税纳税申报表附列资料（一）》（本期销售情况明细）。

（3）《增值税纳税申报表附列资料（二）》（本期进项税额明细）。

（4）《增值税纳税申报表附列资料（三）》（服务、不动产和无形资产扣除项目明细）。

（5）《增值税纳税申报表附列资料（四）》（税收抵减情况表）。

（6）《增值税纳税申报表附列资料（五）》（不动产分期抵扣计算表）。

（7）《增值税减免申报明细表》。

对于增值税小规模纳税人，所需资料为：

（1）《增值税纳税申报表（小规模纳税人适用）》（见附录一）。

（2）《增值税纳税申报表（小规模纳税人适用）附列资料》。

小规模纳税人提供应税服务，在确定应税服务销售额时，按照有关规定可以从取得的全部价款和价外费用中扣除价款的，需填报《增值税纳税申报表（小规模纳税人适用）附列资料》；其他情况不填写该附列资料。

（3）《增值税减免申报明细表》。

2. 纳税申报其他资料。

（1）使用税控系统开具的机动车销售统一发票和已开具的普通发票的存根联。

（2）符合抵扣条件且在本期申报抵扣的使用税控系统开具的增值税专用发票和机动车销售统一发票的抵扣联。

按规定仍可以抵扣且在本期申报抵扣的公路、内河货物运输业统一发票的抵扣联。

（3）符合抵扣条件且在本期申报抵扣的海关进口增值税专用缴款书、购进农产品取得的普通发票、铁路运输费用结算单据的复印件。

按规定仍可以抵扣且在本期申报抵扣的其他运输费用结算单据的复印件。

（4）符合抵扣条件且在本期申报抵扣的中华人民共和国税收缴款凭证及其清单，以及书面合同、付款证明和境外单位的对账单或者发票。

（5）已开具的农产品收购凭证的存根联或报查联。

（6）纳税人提供应税服务，在确定应税服务销售额时，按照有关规定从取得的全部价款和价外费用中扣除价款的合法凭证及其清单。

（7）主管税务机关规定的其他资料。

3. 跨区域提供有关服务的。

纳税人跨县（市）提供建筑服务、房地产开发企业预售自行开发的房地产项目、纳税人出租与机构所在地不在同一县（市）的不动产，按规定需要在项目所在地或不动产所在地主管税务机关预缴税款的，需填写《增值税预缴税款表》。

2.1.8.3 申报流程

增值税因纳税人身份不同，纳税申报的要求也不同。对于小规模纳税人，采用简易办法计税，只需在规定的时限内计算应纳税款，办理申报缴纳手续即可；小规模纳税人中适用核定征收的，按照税务机关核定的时间和应纳税款金额办理申报缴纳。

增值税一般纳税人使用防伪税控系统开具专用发票，在纳税申报时，需对其电子信息进行采集。一般情况下，纳税申报的流程包括以下三个环节：专用发票抵扣联认证、纳税申报、IC 卡报税。

增值税一般纳税人在日常取得专用发票时，须进行认证，纳税人当月申报抵扣的专用发票抵扣联，应在申报所属期内完成认证；同时在纳税申报前应完成抄税工作。然后可在申报期限内，办理纳税申报，以及 IC 卡报税。

增值税申报流程见图 2–1。

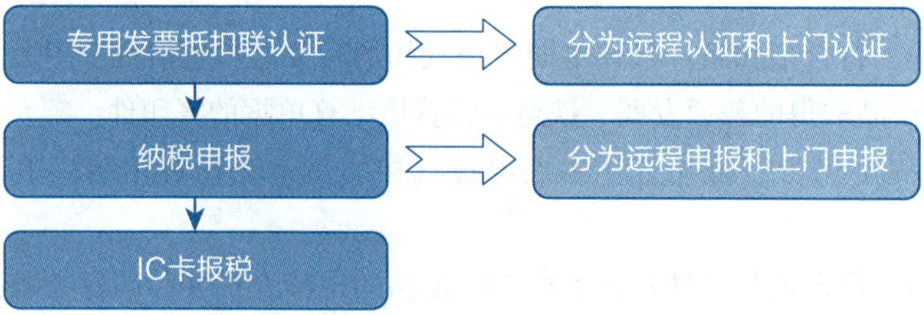

图 2–1 增值税申报流程

2.1.8.4 申报类型及纳税申报表的填写

1. 代扣代缴纳税申报表。

扣缴义务人每次代扣非居民企业应缴纳的增值税税款后，向所在地的税务机关进行申报，并自代扣之日起 7 日内缴入国库。扣缴义务人依照税收法律法规及相关规定确定的申报期限、申报内容，填写《代扣代缴、代收代缴税款报告表》并报送相关材料，就应税项目向税务机关申报入库代扣代缴的应纳税款。

2. 自行申报纳税申报表。

纳税人自行申报纳税的，应填写相应的申报表，纳税申报表以附列资料的数据为填写基础，附列资料是对纳税申报表的相关内容进行详细报告。具体填报时，根据表间数据的逻辑关系，一般先填附表、再填主表，填列的基本顺序是：

（1）《增值税纳税申报表附列资料（三）》（服务、不动产和无形资产扣除项目明细）；

（2）《增值税纳税申报表附列资料（五）》（不动产分期抵扣计算表）；

（3）《增值税纳税申报表附列资料（一）》（本期销售情况明细）；

（4）《增值税纳税申报表附列资料（二）》（本期进项税额明细）；

（5）《增值税纳税申报表附列资料（四）》；

（6）《固定资产（不含不动产）进项税额抵扣情况表》；

（7）《本期抵扣进项税额结构明细表》；

（8）《增值税减免税申报明细表》；

（9）《增值税纳税申报表》（一般纳税人适用）。

例 2-9

某电器企业是增值税一般纳税人，生产小家电，2017 年 4 月底委托某税务师事务所对其当月增值税进行纳税审查。企业本月拟申报销项税额 48765 元，进项税额 55310 元，已知企业上月留抵税额 7800 元。

1. 企业自行填制的纳税申报表。

企业自行计算并预填申报表见表 2-1。

表 2-1 企业自行填制的增值税纳税申报表（部分） 单位：元

项 目	栏 次	一般货物及劳务（本月数）
……	……	……
销项税额	11	48765

续表

项　目	栏　次	一般货物及劳务（本月数）
进项税额	12	55310
上期留抵税额	13	7800
进项税额转出	14	
免、抵、退应退税额	15	
按适用税率计算的纳税检查应补缴税额	16	
应抵扣税额合计	17=12+13–14–15+16	63110
实际抵扣税额	18（如 17<11，则为 17，否则为 11）	48765
应纳税额	19=11–18	0
期末留抵税额	20=17–18	14345
简易征收办法计算的应纳税额	21	
按简易征收办法计算的纳税检查应补缴税额	22	
应纳税额减征额	23	
应纳税额合计	24=19+21–23	

2. 企业的部分财务会计核算资料。

在审查中取得企业部分财务会计核算资料如下：

（1）4 月 9 日开具专用发票一张，销售额 10000 元、税额 1700 元，但企业未作账务处理。经了解，企业 4 月 9 日销售产品一批，当日发出货物并通过银行办妥托收手续，但货款尚未收到，未作账务处理。

（2）4 月 13 日 56# 凭证会计分录为：

借：待处理财产损溢　　9500

　　贷：原材料　　9500

经了解，企业仓库顶棚漏雨，将一批原材料毁损，成本 9500 元。

（3）4 月 18 日 69# 凭证会计分录为：

借：银行存款　　40100

　　贷：主营业务收入　　30000

应交税费——应交增值税（销项税额） 5100

营业外收入 5000

经了解，企业发生销售一批，营业外收入记录的是随同货物销售的单独计价包装物的收入。

（4）4 月 20 日 98# 凭证会计分录为：

借：应付职工薪酬 35000

贷：库存商品 35000

经了解，企业将一批自产产品发放给职工，产品成本 35000 元，已知该企业同类产品当月售价 51000 元。

（5）企业 4 月 23 日、25 日两次购进货物取得增值税专用发票，显示税额分别为 2500 元和 3660 元，企业都计入“应交税费——应交增值税（进项税额）”，并计入申报表的“进项税额”中拟在当月抵扣，但这两份票据尚未认证。

（6）查看企业销售合同，发现 2 月销售产品一批，售价 40000 元（成本 30000 元），约定 2 月 10 日和 4 月 10 日两次付款，每次付一半；2 月的款项按时收到，4 月的款项未收到，故未做账务处理。

3. 案例分析。

（1）4 月 9 日发出货物并通过银行办妥托收手续，开具专用发票，应该确认收入、计提税金。企业未做账务处理，推迟了纳税义务。

应做调整分录：

借：应收账款 11700

贷：主营业务收入 10000

应交税费——应交增值税（销项税额） 1700

（2）4 月 13 日 56# 凭证记录业务，没有按规定做进项税额转出。

应做调整分录：

借：待处理财产损溢 1615

贷：应交税费——应交增值税（进项税额转出） 1615

（3）4 月 18 日 69# 凭证记录业务，企业随同货物销售的单独计价包装物的收入，应计入“其他业务收入”，按规定征收增值税。

此部分收入为含税收入，应该价税分离后计算税额。

销项税额 = 5000 ÷（1+17%）× 17%=726.5（元）

应做调整分录：

借：营业外收入 5000

　　贷：其他业务收入 4273.5

　　　　应交税费——应交增值税（销项税额） 726.5

（4）4 月 20 日 98# 凭证所记录的业务，应该视同销售，计算销项税额。

应做调整分录：

借：应付职工薪酬 43670

　　贷：主营业务收入 35000

　　　　应交税费——应交增值税（销项税额） 8670

借：主营业务成本 35000

　　贷：库存商品 35000

（5）4 月 23 日、25 日两次购进货物取得增值税专用发票，尚未认证，应计入“待抵扣进项税额”科目，经过认证后才可计入“应交税费——应交增值税（进项税额）”申报抵扣。

应做调整分录：

借：待抵扣进项税额 6160

　　贷：应交税费——应交增值税（进项税额） 6160

（6）按照规定，以分期收款方式销售货物，纳税义务为书面合同约定的收款日期的当天，而不论款项是否收到，因此企业应该确认收入并计算应纳税额。

应做调整分录：

借：应收账款 23400

　　贷：主营业务收入 20000

　　　　应交税费——应交增值税（销项税额） 3400

同时应结转成本（略）。

综上，汇总计算如下：

企业少计销项税额 = 1700+726.5+8670+3400=14496.5（元）

多计进项税额 = 6160（元）

应做进项税额转出 = 1615（元）

应调整企业本月申报情况，应申报销项税额 63261.5 元（48765+14496.5），进项税额 49150 元（55310−6160），进项税额转出 1615 元，企业上月留抵税额 7800 元，本月应申报缴纳税额 7926.5 元。调整的增值税纳税申报表见表 2−2。

表 2−2 调整的增值税纳税申报表（部分） 单位：元

项　目	栏　次	一般货物及劳务（本月数）
……	……	……
销项税额	11	63261.5
进项税额	12	49150
上期留抵税额	13	7800
进项税额转出	14	1615
免、抵、退应退税额	15	
按适用税率计算的纳税检查应补缴税额	16	
应抵扣税额合计	17=12+13−14−15+16	55335
实际抵扣税额	18（如 17<11，则为 17，否则为 11）	55335
应纳税额	19=11−18	7926.5
期末留抵税额	20=17−18	
简易征收办法计算的应纳税额	21	
按简易征收办法计算的纳税检查应补缴税额	22	
应纳税额减征额	23	
应纳税额合计	24=19+21−23	

2.2 发票管理

2.2.1 发票的种类

发票是单位和个人在购销商品、提供或者接受服务以及从事其他经营活动中，开具、收取的收付款凭证。发票是财务收支的法定凭证，是会计核算的原始凭证，也是确定税基的主要依据。

发票种类繁多，主要是按行业特点和纳税人的生产经营项目分类，每种发票都有限定的使用主体和适用范围。现行的发票主要有以下几种。

2.2.1.1 增值税专用发票

增值税专用发票是增值税一般纳税人在销售货物时开出或者购进货物时取得的用于计算增值税应纳税额的法定凭证。

增值税一般纳税人能够领用、使用增值税专用发票，同时自 2016 年 8 月 1 日起扩大了增值税小规模纳税人自行开具增值税专用发票试点范围。

增值税专用发票票样见图 2–2。

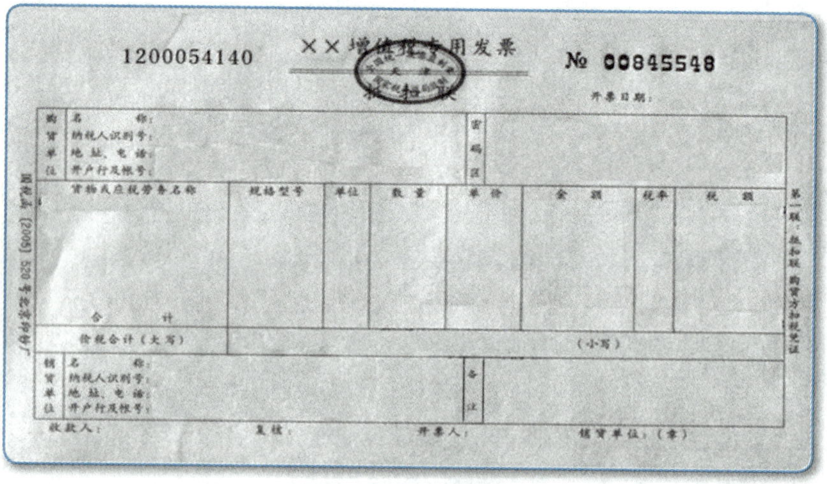

图 2–2 增值税专用发票

一般纳税人有下列情形之一的，不得领用开具增值税专用发票：

1. 会计核算不健全，不能向税务机关准确提供增值税销项税额、进项税额、应纳税额数据及其他有关增值税税务资料的。

2. 有《税收征管法》规定的税收违法行为拒不接受税务机关处理的。

3. 有下列行为之一，经税务机关责令限期整改仍未整改的：

（1）虚开增值税专用发票；

（2）私自印制专用发票；

（3）向税务机关以外的单位和个人买取专用发票；

（4）借用他人专用发票；

（5）未按规定的要求开具专用发票；

（6）未按规定保管专用发票和专用设备；有下列情形之一的，为未按规定保管专用发票和专用设备：

① 未设专人保管专用发票和专用设备；

② 未按税务机关要求存放专用发票和专用设备；

③ 未将认证相符的专用发票抵扣联、《认证结果通知书》和《认证结果清单》装订成册；

④ 未经税务机关查验，擅自销毁专用发票基本联次。

（7）未按规定申请防伪税控系统变更发行；

（8）未按规定接受税务机关检查。

有上述情形的，如已领用专用发票，主管税务机关应暂扣其结存的专用发票和 IC 卡。

销售免税货物不得开具增值税专用发票，法律、法规及国家税务总局另有规定的除外。

商业企业一般纳税人零售的烟、酒、食品、服装（不包括劳保专用部分）、化妆品等消费品不得开具专用发票。一般纳税人生产经营机器、机车、汽车、轮船、锅炉等大型机械及电子设备，凡直接销售给使用单位的，不再开具专用发票，而改用普通发票。

一般纳税人必须通过防伪税控系统开具专用发票，同时全国废止增值税一般纳税人所用的手写版专用发票。

2.2.1.2 增值税普通发票

普通发票是相对于增值税专用发票而言的，增值税一般纳税人和小规模纳税人都可以领用使用。

2011 年起全国统一使用通用增值税普通发票。

增值税普通发票票样见图 2–3。

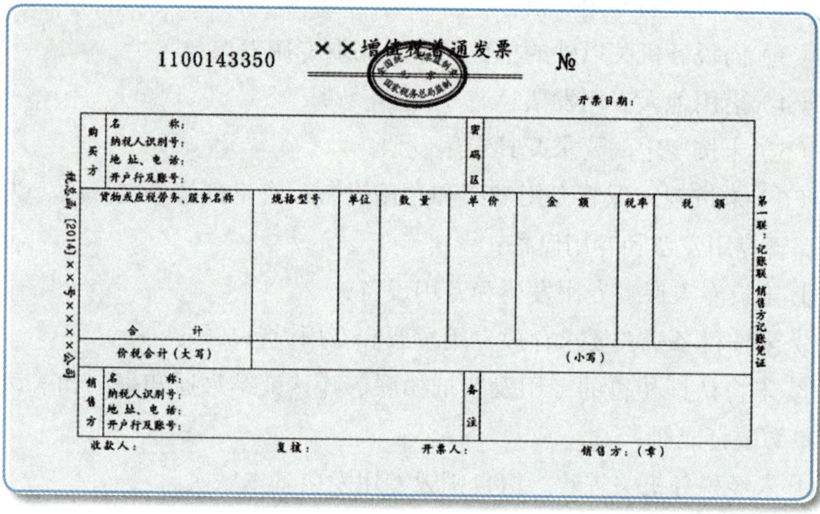
1100143350　××增值税普通发票　№
开票日期：

购买方	名　称： 纳税人识别号： 地 址、电 话： 开户行及账号：				密码区			
货物或应税劳务、服务名称		规格型号	单位	数量	单价	金额	税率	税额
合　计								
价税合计（大写）						（小写）		
销售方	名　称： 纳税人识别号： 地 址、电 话： 开户行及账号：				备注			

收款人：　复核：　开票人：　销售方：（章）

税总函〔2014〕××号××××公司

第一联：记账联 销售方记账凭证

图 2–3　增值税普通发票

2.2.1.3 专业发票

专业发票包括国有金融和保险企业的存贷、汇兑、转账凭证，保险凭证；国有邮政和电信企业的邮票、邮单、话务、电报收据；国有铁路、民用航空企业和交通部门、国有公路和水上运输企业的客票、货票等。

经国家税务总局或省、市、自治区税务机关批准，专业发票可由政府主管部门自行管理，不套印税务机关的统一发票监制章，也可根据税收征管的需要纳入统一发票管理。

2.2.1.4 增值税电子普通发票

增值税电子普通发票是通过增值税电子发票系统开具的增值税电子普

通发票，在降低纳税人经营成本，节约社会资源，方便消费者保存使用发票，营造健康公平的税收环境等方面有重要作用。

增值税电子普通发票的发票代码为12位，编码规则：第一位为0，第2～5位代表省、自治区、直辖市和计划单列市，第6～7位代表年度，第8～10位代表批次，第11～12位代表票种（11代表增值税电子普通发票）。发票号码为8位，按年度、分批次编制。

自行打印增值税电子普通发票的板式文件，其法律效力、基本用途、基本使用规定等与税务机关监制的增值税普通发票相同。

增值税电子普通发票票样见图2–4。

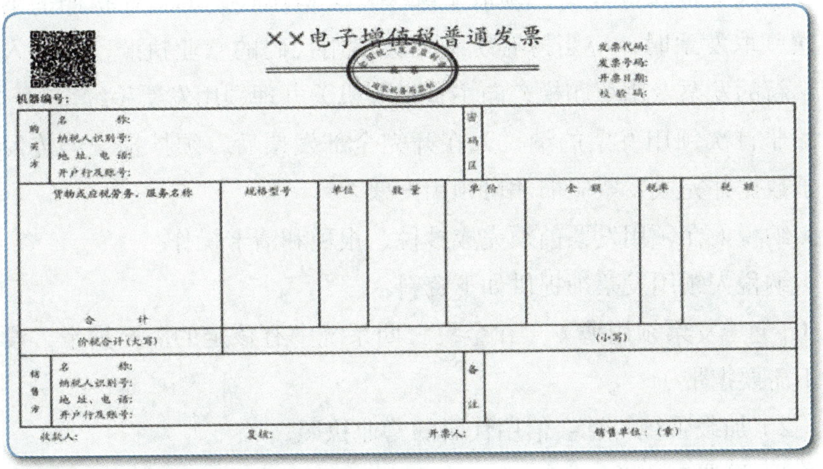

图2–4　增值税电子普通发票

2.2.2　发票领用

2.2.2.1　发票领用的适用范围

1. 依法办理税务登记的纳税人可以在所在地的税务机关领用发票。

2. 依法不需要办理税务登记的主体，发生临时经营业务需要使用发票的，可由税务机关代开发票。

3. 纳税人跨省（自治区、直辖市和计划单列市）临时从事生产经营活动的，不再开具《外出经营活动税收管理证明》，改向机构所在地的税务机关填报《跨区域涉税事项报告表》。纳税人在省（自治区、直辖市和计划单列市）内跨县（市）临时从事生产经营活动的，是否实施跨区域涉税事项报验管理由各省（自治区、直辖市和计划单列市）税务机关自行确定。在办理纳税担保的前提下，可向经营地税务机关申请领用经营地的发票。纳税担保，即提供保证人或者根据所领用发票的票面限额以及数量交纳不超过1万元的保证金，并限期缴销发票。

2.2.2.2 发票领用手续

1. 依法完成税务登记，领取了统一社会信用代码的营业执照的纳税人在首次领取发票时，应当持有统一社会信用代码的营业执照、经办人身份证明、新的发票专用章印模，向主管税务机关办理领用发票手续。

2. 非首次领用发票的纳税人在开完全部发票后，须抄报、上传发票明细电子数据并完成发票验旧才可领用发票。

3. 纳税人在领用发票前须完成抄税、报税和清卡操作。

4. 纳税人领用发票须提供如下资料：

（1）《发票领用簿》（在金税三期系统中有核定的需要携带，没有核定的不需要携带）；

（2）加载了统一社会信用代码的营业执照；

（3）发票专用章；

（4）购票人身份证；

（5）IC卡或金税盘或税控盘。

纳税人根据《发票领用簿》上核准的领用发票种类和数量领用发票。

5. 纳税人申请经营地领用发票，须提供如下资料：

（1）《纳税人领用发票票种核定表》；

（2）《外出经营活动税收管理证明》；

（3）经办人身份证明；

（4）发票专用章。

2.2.2.3 发票领用方式

领用发票主要有以下三种方式。

1. 批量供应。

批量供应适用于经营规模较大、经营范围单一、财务管理制度健全、依法履行纳税义务、发票管理规范的企业。税务机关根据用票单位业务量对发票需求量的大小，确定一定时期内的合理领用数量。

2. 交旧购新。

交旧购新是指用票单位交回旧的发票存根联，经主管税务机关审核后留存后，才可领用新发票。实行交旧购新方式领用发票的主要是个体工商户。外省、自治区、直辖市来本辖区从事临时经营性活动的纳税人，除办理纳税担保领用发票外，同时实行交旧购新方式。

3. 验旧购新。

验旧购新是指用票单位的发票存根联经由主管税务机关审核无误，可领用新发票。一些财务制度不健全、经营流动性大或者无固定经营场所、不具备发票保管条件的单位和个体户适用验旧购新方式领用发票。

2.2.2.4 发票票种核定及调整

1. 普通发票票种核定及调整。

纳税人需要领用普通发票的，在办理完成相关税种核定后可以向主管税务机关申请核定与生产经营活动相当的发票。办理时应提供以下资料：

（1）《纳税人领用发票票种核定表》；

（2）加载了统一社会信用代码的营业执照；

（3）经办人身份证明；

（4）发票专用章印模。

已办理普通发票核定纳税人，可以根据生产经营变化情况，向主管税务机关申请对其使用发票的领用数量和开票限额予以变更。办理时应提供以下资料：

（1）《发票领用簿》；

（2）《纳税人领用发票票种核定表》；

（3）经办人身份证明。

2. 增值税发票票种核定及调整。

增值税纳税人在办理增值税税种核定后，按生产经营需要，向税务机关申请增值税税控系统开具的发票种类（包括增值税专用发票、货物运输业增值税专用发票、增值税普通发票及机动车销售统一发票、增值税电子普通发票）、单次（月）领用数量及增值税普通发票、机动车销售统一发票的最高开票限额。办理时，应提供以下资料：

（1）《纳税人领用发票票种核定表》；

（2）加载了统一社会信用代码的营业执照；

（3）经办人身份证明；

（4）发票专用章印模。

已办理增值税发票核定纳税人，可以根据生产经营变化情况，向主管税务机关申请对其使用税控系统开具的增值税专用发票、货物运输业增值税专用发票、增值税普通发票和机动车销售统一发票单次（月）领用量、离线开具时限、离线开具总金额进行调整，以及机动车销售统一发票、增值税普通发票最高开票限额予以变更。办理时，应提供以下资料：

（1）《发票领用簿》；

（2）《纳税人领用发票票种核定表》；

（3）经办人身份证明；

（4）金税盘或税控盘。

2.2.2.5 印有本单位名称发票核定

有固定生产经营场所、财务和发票管理制度健全、发票使用量较大的单位，可以申请印制印有本单位名称的发票。申请时应携带：《印有本单位名称发票印制表》、税务登记证或加载了统一社会信用代码的营业执照、经办人身份证明、发票专用章印模。

2.2.2.6 增值税税控专用设备发行

1. 增值税税控专用设备初始化发行。

纳税人购买税控机后，必须由税务机关在增值税税控系统中将税务登记信息、资格认定信息、税种税目认定信息、票种核定信息、增值税发票系统升级版离线开票时限和离线开票总金额等信息载入金税盘（税控盘）后，已办理增值税发票核定纳税人才可以领取发票。办理时，应提供金税盘或税控盘、《增值税专用防伪税控系统使用通知书》、使用增值税专用发票和货物运输业增值税专用发票的纳税人还应报送《准予税务行政许可决定书》。

2. 增值税税控专用设备变更发行。

纳税人名称、开票限额、购票限量、开票机数量等事项发生变更或更换金税盘（税控盘）的纳税人，应到主管税务机关办理变更发行。办理时，应提供金税盘或税控盘及未使用完的增值税发票。

3. 增值税税控专用设备注销发行。

注销税务登记的纳税人，应到主管税务机关办理增值税税控系统专用设备注销发行。办理时，应提供《增值税税控系统专用设备注销发行登记表》、金税盘或税控盘。

2.2.2.7 发票代开申请

1. 普通发票代开。

纳税人虽已领用发票，但临时取得超出领用发票使用范围或者超过领用发票开具限额以外的业务收入，或被税务机关依法收缴发票、停止发售发票的纳税人，以及其他依法不需要办理税务登记的单位和个人，临时取得收入，需要开具发票的，可以向主管税务机关申请为其代开发票。

申请代开普通发票时，应提供以下资料：

（1）《代开发票申请表》；

（2）税务登记证或加载了统一社会信用代码的营业执照；

（3）组织机构代码证；

（4）经办人身份证明；

（5）购销商品、提供或者接受服务以及从事其他经营活动的书面证明。

2. 专用发票代开。

已办理税务登记的小规模纳税人（包括个体经营者）以及国家税务总局确定的其他可以代开增值税专用发票的纳税人发生增值税应税行为，需要开具增值税专用发票的，纳税人可以向主管税务机关申请为其开具增值税专用发票或货物运输业增值税专用发票。

申请代开增值税专用发票时，应提供以下资料：

（1）《代开增值税专用发票缴纳税款申报单》；

（2）税务登记证或加载了统一社会信用代码的营业执照；

（3）经办人身份证明。

但下列小规模纳税人，按照现行政策规定可以自行开具增值税专用发票：

（1）自2016年8月1日起，月销售额超过3万元（或季销售额超过9万元）的住宿业增值税小规模纳税人，提供住宿服务、销售货物或发生其他应税行为，需要开具专用发票的，可以通过增值税发票管理新系统自行开具，主管税务机关不再为其代开。试点纳税人销售其取得的不动产，需要开具专用发票的，仍须向税务机关申请代开。主管税务机关为试点纳税人核定的单份专用发票最高开票限额不超过1万元。试点纳税人所开具的专用发票应缴纳的税款，应在规定的纳税申报期内，向主管税务机关申报纳税。

（2）自2017年3月1日起，全国范围内月销售额超过3万元（或季销售额超过9万元）的鉴证咨询业增值税小规模纳税人提供认证服务、鉴证服务、咨询服务、销售货物或发生其他增值税应税行为，需要开具专用发票的，可以通过增值税发票管理新系统自行开具，主管税务机关不再为其代开。

（3）自2017年6月1日起，将建筑业纳入增值税小规模纳税人自行开具增值税专用发票试点范围。月销售额超过3万元（或季销售额超过9万元）的建筑业增值税小规模纳税人提供建筑服务、销售货物或发生其他增值税应税行为，需要开具增值税专用发票的，通过增值税发票管理新系统自行开具。

（4）自 2018 年 2 月 1 日起，月销售额超过 3 万元（或季销售额超过 9 万元）的工业以及信息传输、软件和信息技术服务业增值税小规模纳税人发生增值税应税行为，需要开具增值税专用发票的，可以通过增值税发票管理新系统自行开具。

试点纳税人销售其取得的不动产，需要开具增值税专用发票的，应当按照有关规定向税务机关申请代开。

试点纳税人应当在规定的纳税申报期内将所开具的增值税专用发票所涉及的税款，向主管税务机关申报缴纳。在填写增值税纳税申报表时，应当将当期开具增值税专用发票的销售额，按照 3% 和 5% 的征收率，分别填写在《增值税纳税申报表》（小规模纳税人适用）第 2 栏和第 5 栏“税务机关代开的增值税专用发票不含税销售额”的“本期数”相应栏次中。

2.2.2.8 发票认证

纳税人到税务机关通过增值税税控系统对增值税专用发票、机动车销售统一发票的抵扣联进行识别、确认。发票认证应当自发票开具起 180 日内认证，认证时须携带增值税专用发票、机动车销售统一发票的抵扣联。抵扣联无法认证的纳税人应携带专用发票的发票联，丢失已开具专用发票的发票联和抵扣联且丢失前未认证的纳税人应携带销售方提供的相应专用发票记账联复印件。

自 2017 年 7 月 1 日起，增值税一般纳税人取得的 2017 年 7 月 1 日及以后开具的增值税专用发票和机动车销售统一发票，应自开具之日起 360 日内认证或登录增值税发票选择确认平台进行确认，并在规定的纳税申报期内，向主管税务机关申报抵扣进项税额。

增值税一般纳税人取得的 2017 年 7 月 1 日及以后开具的海关进口增值税专用缴款书，应自开具之日起 360 日内向主管税务机关报送《海关完税凭证抵扣清单》，申请稽核比对。

纳税人取得的 2017 年 6 月 30 日前开具的增值税扣税凭证，仍按《国家税务总局关于调整增值税扣税凭证抵扣期限有关问题的通知》（国税函〔2009〕617 号）执行。

2.2.2.9 发票验旧

纳税人应当按照法律法规的规定报告发票使用情况，将已开具发票存根联（记账联）、红字发票和作废发票报税务机关进行查验。

办理时，应携带《发票领用簿》、已开具发票存根联（记账联）、红字发票和作废发票。使用税控机的纳税人还应携带发票使用汇总数据表，需上传发票电子开具信息、下载开具发票电子解锁文件的应携带储存介质。

2.2.2.10 红字发票开具

1. 增值税一般纳税人开具增值税专用发票后，发生销货退回、开票有误、应税服务中止等情形但不符合发票作废条件，或者因销货部分退回及发生销售折让，需要开具红字专用发票的，按以下方法处理：

（1）购买方取得专用发票已用于申报抵扣的，购买方可在增值税发票管理新系统中填开并上传《开具红字增值税专用发票信息表》（以下简称《信息表》），在填开《信息表》时不填写相对应的蓝字专用发票信息，应暂依《信息表》所列增值税税额从当期进项税额中转出，待取得销售方开具的红字专用发票后，与《信息表》一并作为记账凭证。

（2）购买方取得专用发票未用于申报抵扣、但发票联或抵扣联无法退回的，购买方填开《信息表》时应填写相对应的蓝字专用发票信息。

（3）销售方开具专用发票尚未交付购买方，以及购买方未用于申报抵扣并将发票联及抵扣联退回的，销售方可在新系统中填开并上传《信息表》。销售方填开《信息表》时应填写相对应的蓝字专用发票信息。

主管税务机关通过网络接收纳税人上传的《信息表》，系统自动校验通过后，生成带有“红字发票信息表编号”的《信息表》，并将信息同步至纳税人端系统中。

销售方凭税务机关系统校验通过的《信息表》开具红字专用发票，在新系统中以销项负数开具。红字专用发票应与《信息表》一一对应。

纳税人也可凭《信息表》电子信息或纸质资料到税务机关对《信息表》内容进行系统校验。

2. 小规模纳税人申请税务机关开具红字专用发票的，按照一般纳税人开具红字专用发票的方法申请。

3. 纳税人需要开具红字增值税普通发票的，可以在所对应的蓝字发票金额范围内开具多份红字发票。红字机动车销售统一发票需与原蓝字机动车销售统一发票一一对应。

2.2.2.11 发票缴销

纳税人因变更或注销税务登记，取消一般纳税人资格，丢失、被盗发票。流失发票，改版、换版、次版发票（指对纳税人已购买的发票），超期限未使用空白发票，霉变、水浸、鼠咬、火烧发票等原因，需要向税务机关缴销发票。办理时，应提供《发票领用簿》及须缴销的发票。

2.2.2.12 发票开具注意事项

1. 防止产生滞留票。

增值税转型后，一般纳税人购进机器设备等固定资产的进项税额允许从销项税额中抵扣，而个人消费应征消费税的小汽车、摩托车和游艇，以及房屋、建筑物等不动产被排除在允许抵扣范围之外。需要注意的是，不管购进的固定资产能否抵扣进项税额，均要求一般纳税人购进固定资产取得专用发票后必须到主管税务机关进行认证，防止产生滞留票。

2. 开具专用发票的时间。

纳税人务必按规定的时限开具专用发票，不得提前或滞后，如采用预收货款、托收承付、委托银行收款结算方式的为货物发出的当天；采用交款提货结算方式的为收到货款的当天；采用赊销及分期付款结算方式的为合同约定的收款日期的当天；将货物交付他人代销的为收到委托人送交的代销清单的当天；将货物作为投资提供给其他单位或个体经营者的为货物移送的当天；将货物分配给股东的为货物移送的当天。

3. 使用期限。

凡经认定为一般纳税人的企业，必须通过防伪税控系统开具专用发票。非防伪税控系统开具的增值税专用发票不得申报抵扣进项税额。正常经营的一般纳税人领用专用发票虽然没有规定使用期限，但被取消一般纳税人资格的纳税人必须及时缴销包括空白专用发票和已使用过的专用发票存根联；一般纳税人发生转业、改组、合并、分立、联营等情况，也必须在变更税务登记的同时，缴销包括空白专用发票和已使用过的专用发票存根联。

4. 抵扣期限。

一般纳税人认证通过的防伪税控系统开具的增值税专用发票申报抵扣时间仅限于当月，且必须在认证通过的当月按照增值税有关规定核算当期进项税额，否则不予抵扣。对于上月认证通过的专用发票如果上月没有申报抵扣，通常情况下在本月是不能抵扣进项税额的。一般纳税人将外购货物作为实物投资入股，或是无偿赠送给他人，如果被投资者或是受赠者是一般纳税人，可按规定开具增值税专用发票给被投资方，或者根据受赠者的要求开具专用发票。

5. 免税商品不能开票。

零售烟、酒、食品、服装、鞋帽（不包括劳保专用品）、化妆品等消费品不得开具专用发票的规定仅限制商业企业一般纳税人，这里不包括工业企业一般纳税人。需要注意的是，法律法规另有规定的除外，销售免税货物通常也是不准开具专用发票；小规模纳税人没有领购使用开具增值税专用发票的权利，也不在限制范围内，如需要开具专用发票的，可按规定向主管税务机关申请代开。小规模纳税人申请代开专用发票时，应填写代开专用发票缴纳税款申报单，连同税务登记证副本，到主管税务机关税款征收岗位按专用发票上注明的税额全额申报缴纳税款，同时缴纳专用发票工本费；实行定期定额征收方法的小规模纳税人在正常申报情况下申请代开增值税专用发票，如每月开票金额大于应征增值税税额的，应以开票金额数为依据征收税款，并作为下一年度核定定期定额的依据；如每月开票金额小于应征增值税税额的，则按应征增值税税额数征收税款。

6. 丢失处理。

一般纳税人丢失已开具专用发票的发票联和抵扣联，如果丢失前已认证相符的，购买方凭销售方提供的相应专用发票记账联复印件及销售方所在地主管税务机关出具的《丢失增值税专用发票已报税证明单》，经购买方主管税务机关审核同意后，可作为增值税进项税额的抵扣凭证；如果丢失前未认证的，购买方凭销售方提供的相应专用发票记账联复印件到主管税务机关进行认证，认证相符的凭该专用发票记账联复印件及销售方所在地主管税务机关出具的丢失增值税专用发票已报税证明单，经购买方主管税务机关审核同意后，可作为增值税进项税额的抵扣凭证。一般纳税人丢失已开具专用发票的抵扣联，如果丢失前已认证相符的，可使用专用发票发票联复印件留存备查；如果丢失前未认证的，可使用专用发票发票联到主管税务机关认证，专用发票发票联复印件留存备查。一般纳税人丢失已开具专用发票的发票联，可将专用发票抵扣联作为记账凭证，专用发票抵扣联复印件留存备查。

7. 退货处理。

一般纳税人开具增值税专用发票后发生销货退回、销售折让以及开票有误等情况需要开具红字专用发票的，视不同情况分别按以下办法处理：发生销货退回或销售折让的，纳税人销售货物并向购买方开具增值税专用发票后，由于购货方在一定时期内累计购买货物达到一定数量，或者由于市场价格下降等原因，销货方给予购货方相应的价格优惠或补偿等折扣、折让行为，销货方可按规定开具红字增值税专用发票。

8. 保管期限。

一般纳税人必须将经税务机关认证相符、用于抵扣进项税额的增值税专用发票作为记账凭证进入账务处理，不得擅自退还给销售方，并按规定将税款抵扣联装订成册，进行妥善保管，保管期限为5年，保存期满后报经主管税务机关查验之后销毁。一般纳税人销售的货物，由先征后返或即征即退改为免征增值税后，如果其销售的货物全部为免征增值税的，应按规定上缴结存的增值税专用发票，没有特殊情况不得领购和使用专用发票。

2.2.2.13 发票备注栏注意事项

1. 提供建筑服务，纳税人自行开具或者税务机关代开增值税发票时，应在发票的备注栏注明“建筑服务发生地县（市、区）名称及项目名称”。

注：项目地址写到县（市、区）这一层次即可，如北京市朝阳区，无

须到具体的门牌号；项目名称建议按照总包或分包合同注明的规范名称填写，且保持前后一致。

2. 销售不动产，纳税人自行开具或者税务机关代开增值税发票时，应在发票货物或应税劳务、服务名称栏填写“不动产名称”（注：商品房、商铺等）“房屋产权证书号码”（无房屋产权证书的可不填写），单位栏填写“面积单位”（注：平方米），备注栏注明“不动产的详细地址”（注：细化到门牌号）。

3. 出租不动产，纳税人自行开具或者税务机关代开增值税发票时，应在备注栏注明“不动产的详细地址”。

4. 保险机构作为车船税扣缴义务人，在代收车船税并开具增值税发票时，应在增值税发票备注栏中注明“代收车船税税款信息”。具体包括：保险单号、税款所属期（详细至月）、代收车船税金额、滞纳金金额、金额合计等。该增值税发票可作为纳税人缴纳车船税及滞纳金的会计核算原始凭证。

5. 主管税务机关为个人保险代理人汇总代开增值税发票时，应在备注栏内注明“个人保险代理人汇总代开”字样。

证券经纪人、信用卡和旅游等行业的个人代理人比照上述规定执行。

6. 纳税人提供货物运输服务，使用增值税专用发票和增值税普通发票，开具发票时应将起运地、到达地、车种车号以及运输货物信息等内容填写在发票备注栏中，如内容较多可另附清单。

注：此处的清单应与《销售货物或者提供应税劳务清单》不同，纳税人可以自行在备注栏内填写“详见清单”，然后自行打印清单，并加盖发票专用章。

7. 铁路运输企业受托代征的印花税款信息，可填写在发票备注栏中。中国铁路总公司及其所属运输企业（含分支机构）提供货物运输服务，可自 2015 年 11 月 1 日起使用增值税专用发票和增值税普通发票，所开具的铁路货票、运费杂费收据可作为发票清单使用。

8. 单用途商业预付卡（单用途卡）业务中，销售方与售卡方不是同一个纳税人的，销售方在收到售卡方结算的销售款时，应向售卡方开具增值税普通发票，并在备注栏注明“收到预付卡结算款”。

9. 支付机构预付卡（多用途卡）业务中，特约商户收到支付机构结算的销售款时，应向支付机构开具增值税普通发票，并在备注栏注明“收到预付卡结算款”。

2.2.2.14 商品与服务编码问题

自2016年5月1日起，国家税务总局在全国范围内推行了商品和服务税收分类编码。为了方便纳税人准确选择商品和服务税收分类编码，国家税务总局编写了商品和服务税收分类编码简称。自2018年1月1日起，纳税人通过增值税发票管理新系统开具增值税发票（包括：增值税专用发票、增值税普通发票、增值税电子普通发票）时，商品和服务税收分类编码对应的简称会自动显示并打印在发票票面“货物或应税劳务、服务名称”或“项目”栏次中。

例如，纳税人销售黄金项链，在开具增值税发票时输入的商品名称为“黄金项链”，选择的商品和服务税收分类编码为“金银珠宝首饰”。该分类编码对应的简称为“珠宝首饰”，则增值税发票票面上会显示并打印“*珠宝首饰*黄金项链”。如果纳税人错误选择其他分类编码，发票票面上将会出现类似“*钢材*黄金项链”或“*电子计算机*黄金项链”的明显错误。依据为《国家税务总局关于增值税发票管理若干事项的公告》（国家税务总局公告2017年第45号）。

例 2-10

A企业为新设立的生产服装的增值税一般纳税人企业，应该如何领用发票？

A企业为新设立的增值税一般纳税人企业，可以领用增值税专用发票和普通发票，也可以领用电子发票。

领取了统一社会信用代码的营业执照并依法完成税务信息确认的纳税人可以向主管税务机关申请领用发票。在纳税人首次领取发票前，须到主管税务机关办理发票票种核定，领取《发票领用簿》（在金税三期系统中有核定的领取，没有核定的不用领取），确定企业发票领用人，办理税种核定及税控机具注册发行及其他相关手续。

非首次领用发票的纳税人在开完全部发票后，须抄报、上传发票明细电子数据并完成发票验旧才可领用发票。

纳税人在领用发票前须完成抄税、报税和清卡。

纳税人领用发票须提供如下资料：

（1）《发票领用簿》（在金税三期系统中有核定的需携带，没有核定的不用带）；

（2）税务登记证或者加载了统一社会信用代码的营业执照；

（3）发票专用章；

（4）购票人身份证；

（5）IC 卡或金税盘或税控盘。

2.3 消费税

2.3.1 纳税人

在中华人民共和国境内生产、委托加工和进口应税消费品的单位和个人。

委托加工的应税消费品由受托方于委托方提货时代收代缴（受托方为个体经营者除外）；自产自用的应税消费品，由自产自用单位和个人在移送使用时缴纳消费税。

2.3.2 征税范围、税目及税率

2.3.2.1 征税范围

在中华人民共和国境内生产、委托加工和进口《消费税暂行条例》规定的消费品。

2.3.2.2 税目与税率

现行的消费税税目实行列举税目，在《消费税税目税率表》中列举的税目征收消费税，没有列举的不征收消费税。目前，消费税为15个税目。消费税的税率有三种形式：一种是比例税率；一种是定额税率；还有一种是比例税率和定额税率混合征收。消费税税目税率见表2–3。

表2–3 消费税税目税率表

税目	税率
一、烟	
1. 卷烟	
（1）甲类卷烟［调拨价70元（不含增值税）/条以上（含70元）］	56%加0.003元/支
（2）乙类卷烟［调拨价70元（不含增值税）/条以下］	36%加0.003元/支
（3）商业批发	11%加0.005元/支
2. 雪茄烟	36%
3. 烟丝	30%
二、酒	
1. 白酒	20%加0.5元/500克（或者500毫升）
2. 黄酒	240元/吨
3. 啤酒	
（1）甲类啤酒	250元/吨
（2）乙类啤酒	220元/吨
4. 其他酒	10%
三、高档化妆品	15%
四、贵重首饰及珠宝玉石	
1. 金银首饰、铂金首饰和钻石及钻石饰品	5%
2. 其他贵重首饰和珠宝玉石	10%

续表

税目	税率
五、鞭炮、焰火	15%
六、成品油	
1. 汽油	1.52 元 / 升
2. 柴油	1.20 元 / 升
3. 航空煤油	1.20 元 / 升
4. 石脑油	1.52 元 / 升
5. 溶剂油	1.52 元 / 升
6. 润滑油	1.52 元 / 升
7. 燃料油	1.20 元 / 升
七、摩托车	
1. 气缸容量（排气量，下同）在 250 毫升（含 250 毫升）的	3%
2. 气缸容量在 250 毫升以上的	10%
八、小汽车	
1. 乘用车	
（1）气缸容量（排气量，下同）在 1.0 升（含 1.0 升）以下的	1%
（2）气缸容量在 1.0 升以上至 1.5 升（含 1.5 升）的	3%
（3）气缸容量在 1.5 升以上至 2.0 升（含 2.0 升）的	5%
（4）气缸容量在 2.0 升以上至 2.5 升（含 2.5 升）的	9%
（5）气缸容量在 2.5 升以上至 3.0 升（含 3.0 升）的	12%
（6）气缸容量在 3.0 升以上至 4.0 升（含 4.0 升）的	25%
（7）气缸容量在 4.0 升以上的	40%
2. 中轻型商用客车	5%
3. 超豪华小汽车（加征零售环节）	10%
九、高尔夫球及球具	10%
十、高档手表	20%
十一、游艇	10%

续表

税　目	税　率
十二、木制一次性筷子	5%
十三、实木地板	5%
十四、铅蓄电池	4%
十五、涂料	4%

2.3.3 计税依据

2.3.3.1 从量定额的计税依据

销售应税消费品的，为应税消费品的销售数量；

自产自用应税消费品的，为应税消费品的移送使用数量；

委托加工应税消费品的，为纳税人收回的应税消费品数量；

进口的应税消费品，为海关核定的应税消费品进口征税数量。

2.3.3.2 从价定率的计税依据

1. 一般销售额的确定。

应税消费品的销售额包括销售应税消费品从购买方收取的全部价款和价外费用。"价外费用"是指：价外收取的基金、集资款、返还利润、补贴、违约金、延期付款利息和手续费、包装费、储备费、优质费、奖励费、赔偿金、包装物租金、运输装卸费、代收款项、代垫款项以及其他各种性质的价外收费。"销售额"不包括应向购买方收取的增值税税额。

对酒类产品生产企业销售酒类产品（黄酒、啤酒除外）而收取的包装物押金，无论押金是否返还及会计上如何核算，均应并入酒类产品销售额中征收消费税。

2. 特殊销售额的确定。

（1）自设非独立核算门市部。纳税人通过自设非独立核算门市部销售的自产应税消费品，应当按照门市部对外销售额或者销售数量计算征收消费税。

（2）应税消费品用于其他方面。纳税人自产的应税消费品用于换取生产资料和消费资料、投资入股和抵偿债务等方面，应当按纳税人同类应税消费品的最高销售价格作为计税依据。

2.3.3.3 计税价格的核定权限

1. 卷烟、白酒和小汽车的计税价格由国家税务总局核定，送财政部备案。
2. 其他应税消费品的计税价格由省、自治区和直辖市税务局核定。
3. 进口的应税消费品的计税价格由海关核定。

2.3.4 应纳税额的基本计算方法

按照现行消费税法的基本规定，消费税应纳税额的计算分为从价定率、从量定额和复合计税三种计算方法。

2.3.4.1 从价定率计算方法

计算公式为：

应纳税额 = 应税消费品的销售额 × 比例税率

例 2–11

某化妆品生产企业为增值税一般纳税人，2018 年 1 月 15 日向某大型商场销售一批化妆品，开具增值税专用发票，取得不含增值税销售额 30 万元，增值税税额 5.1 万元；1 月 20 日向某单位销售一批化妆品，开具增值税普通发票，增值税不含税销售额 4.68 万元。请计算该化妆品生产企业 1 月应缴纳的消费税。（化妆品适用消费税税率为 15%）

化妆品的应税销售额 = 30 + 4.68 = 34.68（万元）

应纳税额 = 34.68 × 15% = 5.202（万元）

2.3.4.2 从量定额计算方法

计算公式为：

应纳税额 = 应税消费品的销售数量 × 定额税率

例 2-12

某啤酒厂 2017 年 8 月销售啤酒 400 吨，每吨出厂价格 2800 元。请计算该啤酒厂 8 月应缴纳的消费税税额。

每吨售价在 3000 元以下的，适用单位税额 220 元，

应纳税额 = 400 × 220 = 88000（元）

2.3.4.3 复合计税计算方法

计算公式为：

应纳税额 = 销售数量 × 定额税率 + 销售额 × 比例税率

例 2-13

2018 年 2 月，某白酒厂销售白酒 100 吨，当月取得不含增值税销售额 1480 万元。请计算该厂 2 月应缴纳的消费税税额。

应纳税额 =100 × 2000 × 0.5 ÷ 10000 + 1480 × 20% = 306（万元）

2.3.5 自产自用和委托加工应税消费品应纳税额的计算

2.3.5.1 自产自用应税消费品应纳税额的计算

1. 纳税人自产自用的应税消费品，用于连续生产应税消费品的，不纳税。

2. 自产自用用于其他方面的消费品，于移送使用时纳税。“用于其他方面的”，是指纳税人用于生产非应税消费品和在建工程、管理部门、非生产机构、提供劳务以及用于馈赠、赞助、集资、广告、样品、职工福利、奖励等方面的应税消费品。

3. 生产自用于其他方面的，税基为同类消费品的销售价格或组成计税价格，如果当月同类消费品各期销售价格高低不同，应按销售数量加权平均计算。但销售的应税消费品有下列情况之一的，不得列入加权平均计算：①销售价格明显偏低又无正当理由的；②无销售价格的。如果当月无销售或者当月未完结，应按照同类消费品上月或最近月份的销售价格计算纳税。没有同类消费品销售价格的，应按组成计税价格计算纳税。

（1）从价定率组成计税价格的计算公式为：

$$组成计税价格=\frac{成本+利润}{1-消费税税率}=\frac{成本\times(1+成本利润率)}{1-消费税税率}$$

$$应纳税额=组成计税价格\times适用税率$$

（2）复合计税组成计税价格的计算公式为：

$$组成计税价格=\frac{成本+利润+自产自用数量\times定额税率}{1-比例税率}$$

式中，“成本”是指应税消费品的生产成本；“利润”是指根据应税消费品的全国平均成本利润率计算的利润。应税消费品的全国平均成本利润率由国家税务总局确定。

例 2-14

某企业将生产的成套化妆品作为年终奖励发给本企业职工，查知无同类产品销售价格，其生产成本为 15000 元。国家税务总局核定该产品的成本利润率为 5%，化妆品适用税率为 15%。请计算该企业应缴纳消费税税额。

组成计税价格 = 15000×（1+5%）÷（1−15%）=18529.41（元）

应纳税额 = 18529.41×15%=2779.41（元）

2.3.5.2 委托加工应税消费品应纳税额的计算

1. 委托加工应税消费品的确定。

委托加工的应税消费品，是指由委托方提供原料和主要材料，受托方只收取加工费和代垫部分辅助材料加工的应税消费品。

委托加工的应税消费品，受托方在交货时已代收代缴消费税，委托方收回后直接销售的，不再征收消费税。委托方以高于受托方的计税价格出售的，不属于直接出售，需按照规定申报缴纳消费税，在计税时准予扣除受托方已代收代缴的消费税。

2. 委托加工应税消费品应纳税额的计算。

根据《消费税暂行条例》的规定，委托加工的应税消费品，按照受托方的同类消费品的销售价格计算纳税；没有同类消费品销售价格的，按照组成计税价格计算纳税。

有同类消费品销售价格的，其应纳税额的计算公式为：

应纳税额 = 同类消费品销售单价 × 委托加工数量 × 适用税率

没有同类消费品销售价格的，按组成计税价格计税。计算公式为：

$$组成计税价格 = \frac{材料成本 + 加工费}{1-比例税率}$$

实行复合计税办法纳税的，计算公式为：

$$组成计税价格=\frac{材料成本+加工费+委托加工数量\times定额税率}{1-比例税率}$$

$$应纳税额=组成计税价格\times适用税率$$

例 2-15

甲企业委托乙企业加工一批应税消费品，甲企业为乙企业提供原材料等，实际成本为7000元，支付乙企业加工费2000元，其中包括乙企业代垫的辅助材料500元。已知适用消费税税率为10%，且实行从价定率办法计征。同时，该应税消费品受托方无同类消费品销售价格。请计算乙企业代收代缴应税消费品的消费税额。

组成计税价格＝（7000＋2000）÷（1－10%）＝10000（元）

代收代缴消费税＝10000×10%＝1000（元）

3. 外购或委托加工收回的应税消费品连续生产应税消费品的扣除。

纳税人用外购或委托加工收回的下列应税消费品连续生产应税消费品，在计征消费税时可以扣除委托加工收回应税消费品的已纳消费税税款：

（1）以外购或委托加工收回的已税烟丝为原料生产的卷烟；

（2）以外购或委托加工收回的已税高档化妆品为原料生产的高档化妆品；

（3）以外购或委托加工收回的已税珠宝玉石为原料生产的贵重首饰及珠宝玉石；

（4）以外购或委托加工收回的已税鞭炮、焰火为原料生产的鞭炮、焰火；

（5）以外购或委托加工收回的已税汽油、柴油、石脑油、燃料油、润滑油为原料生产的应税成品油；

（6）以外购或委托加工收回的已税杆头、杆身和握把为原料生产的高尔夫球杆；

（7）以外购或委托加工收回的已税木制一次性筷子为原料生产的木制一次性筷子；

（8）以外购或委托加工收回的已税实木地板为原料生产的实木地板；

（9）以外购或委托加工收回的已税摩托车连续生产应税摩托车。

上述9种委托加工收回的应税消费品连续生产的应税消费品准予从应纳消费税税额中按当期生产领用数量计算扣除其已纳消费税税款。计算公式如下：

$$\text{当期准予扣除的外购或委托加工应税消费品已纳税款} = \text{期初库存的外购或委托加工应税消费品已纳税款} + \text{当期收回的外购或委托加工应税消费品已纳税款} - \text{期末库存的外购或委托加工应税消费品已纳税款}$$

2.3.6 其他环节应纳税额的计算

消费税主要在生产销售环节征税，但进口应税消费品在进口环节、部分消费品在批发和零售环节也征收消费税。

2.3.6.1 进口应税消费品应纳税额的计算

1. 实行从价定率办法计算应纳税额的，按照组成计税价格计算纳税。计算公式为：

$$\text{组成计税价格} = \frac{\text{关税完税价格} + \text{关税}}{1 - \text{消费税比例税率}}$$

$$\text{应纳税额} = \text{组成计税价格} \times \text{适用税率}$$

式中，“关税完税价格”是指海关核定的关税计税价格。

2. 实行从量定额办法的应税消费品的应纳税额的计算公式为：

$$\text{应纳税额}=\text{应税消费品数量}\times\text{消费税定额税率}$$

式中，“应税消费品数量”是指海关核定的应税消费品进口征税数量。

3. 实行复合计税办法计算纳税的组成计税价格计算公式为：

$$\text{组成计税价格}=\frac{\text{关税完税价格}+\text{关税}+\text{进口数量}\times\text{消费税定额税率}}{1-\text{消费税适用比例税率}}$$

$$\text{应纳消费税税额}=\text{进口应税消费品组成计税价格}\times\text{消费税适用比例税率}+\text{消费税定额税}$$

其中，

$$\text{消费税定额税}=\text{海关核定的进口应税消费品数量}\times\text{消费税定额税率}$$

2.3.6.2 批发环节应纳税的计算

目前，在批发环节征收消费税的应税消费品只有卷烟。

$$\text{应纳税额}=\text{计税销售额}\times\text{税率}+\text{销售数量}\times\text{定额税率}$$

2.3.6.3 零售环节应纳税的计算

目前，在零售环节征收消费税的应税消费品有，金银饰品和超豪华小汽车。

$$\text{应纳税额}=\text{计税销售额}\times\text{税率}$$

例 2-16

甲汽车制造厂（增值税一般纳税人）下设独立核算的乙销售公司，2018 年 1 月甲厂和 4S 店发生以下销售业务：

（1）甲厂移送至乙销售公司 A 型小轿车 50 辆，开具的机动车销售统一发票上注明价款 1000 万元、增值税税款 170 万元。

（2）甲厂销售给汽车 4S 店 B 型小轿车 30 辆，每辆不含税售价 131 万元，开具的机动车销售统一发票上注明价款 3930 万元、增值税税款 668.1 万元，4S 店当月销售部分 B 型小轿车取得含税收入 1572 万元。

（3）甲厂直接向消费者销售 A 型小轿车 20 辆，每辆含税售价 23.4 万元，开具机动车销售统一发票。

（已知：A 型小轿车消费税适用税率为 9%；超豪华小汽车生产环节税率 40%；零售环节消费税适用税率为 10%）

请计算甲厂和汽车 4S 店当月销售给消费者的小汽车应缴纳的消费税。

甲厂应缴纳消费税 = 1000 × 9% + 3930 × 40% + ［23.4 ÷（1 + 17%）× 20］× 9% = 1698（万元）

4S 店应缴纳消费税 = 1572 ÷（1 + 17%）× 10% = 134.359（万元）

2.3.7 征收管理

2.3.7.1 纳税义务发生时间

1. 纳税人销售的应税消费品，其纳税义务发生的时间为：

（1）纳税人采取赊销和分期收款结算方式的，为书面合同约定的收款日期的当天，书面合同没有约定收款日期或者无书面合同的，为发出应税消费品的当天。

（2）纳税人采取预收货款结算方式的，为发出应税消费品的当天。

（3）纳税人采取托收承付和委托银行收款方式的，为发出应税消费品并办妥托收手续的当天。

（4）纳税人采取其他结算方式的，为收讫销售款或者取得索取销售款凭据的当天。

2. 纳税人自产自用的应税消费品，其纳税义务的发生时间，为移送使用的当天。

3. 纳税人委托加工的应税消费品，其纳税义务的发生时间，为纳税人提货的当天。

4. 纳税人进口的应税消费品，其纳税义务的发生时间，为报关进口的当天。

2.3.7.2 纳税地点

消费税纳税地点分为以下四种情况：

1. 纳税人销售的应税消费品及自产自用的应税消费品，除国家另有规定外，应当向纳税人机构所在地或者居住地的主管税务机关申报纳税。

2. 纳税人到外县（市）销售或委托外县（市）代销自产应税消费品的；于应税消费品销售后，向机构所在地或者居住地主管税务机关申报纳税。

3. 委托加工的应税消费品，受托方为个人的，由委托方向其机构所在地或者居住地主要税务机关申报纳税；受托方为企业等单位的，由受托方向机构所在地或者居住地的主管税务机关报缴税款。

4. 进口的应税消费品，由进口人或由其代理人向报关地海关申报纳税。

2.3.7.3 纳税环节

1. 生产环节。纳税人生产的应税消费品，由生产者于销售时纳税。其中，生产者自产自用的应税消费品，用于本企业连续生产应税消费品的不征税；用于其他方面的，于移送使用时纳税。

2. 进口环节。进口的应税消费品，由进口报关者于报关进口时纳税。

3. 批发环节。自 2009 年 5 月 1 日起，除生产环节外，对卷烟批发环节加征一道从价税和从量税。

4. 零售环节。金银首饰消费税由生产销售环节征收改为零售环节征收；超豪华小汽车生产环节缴纳消费税后，在零售环节加征一道消费税。

2.3.7.4 纳税期限

自2009年1月1日起，消费税的纳税期限分别为1日、3日、5日、10日、15日、1个月或者1个季度。纳税人的具体纳税期限，由主管税务机关根据纳税人应纳税额的大小分别核定；不能按照固定期限纳税的，可以按次纳税。

纳税人以1个月或者1个季度为1个纳税期的，自期满之日起15日内申报纳税；以其他期限纳税的，自期满之日起5日内预缴税款，于次月1日起15日内申报纳税并结清上月税款。

纳税人进口应税消费品，自2009年1月1日起，应当自海关填发海关进口消费税专用缴款书之日起15日内缴纳税款。

2.3.8 纳税申报

2.3.8.1 申报时间

纳税人的具体纳税期限，由主管税务机关根据纳税人应纳税额的大小分别核定；不能按照固定期限纳税的，可以按次纳税。具体来说，纳税人以1日、3日、5日、10日或者15日为1个纳税期的，自期满之日起5日内预缴税款，于次月1日起15日内申报纳税并结清上月应纳税款；以1个月或者1个季度为1个纳税期的，自期满之日起15日内申报纳税。纳税人进口货物，应当自海关填发海关进口增值税专用缴款书之日起15日内缴纳税款。

2.3.8.2 报送资料

根据纳税人应税消费品项目的不同，国家税务总局制定了不同的纳税申报表。

1. 烟类消费税纳税人。

（1）主表：《烟类应税消费品消费税纳税申报表》《卷烟批发环节消费税纳税申报表（批发）》由卷烟批发环节的消费税纳税人填报，仅限烟类消费税纳税人使用。

（2）附报资料：

附表 1：《本期准予扣除税额计算表》由外购或委托加工收回烟丝后连续生产卷烟的纳税人填报。

附表 2：《本期代收代缴税额计算表》由烟类应税消费品受托加工方填报。

附表 3：《卷烟销售明细表》为年报，由卷烟消费税纳税人于年度终了后填写，次年 1 月办理消费税纳税申报时报送，同时报送此表的 Excel 格式电子文件。

附表 4：《各牌号规格卷烟消费税计税价格》。

附表 5：《卷烟生产企业年度销售明细表》由从事烟类应税消费品生产的纳税人于次年 1 月申报纳税期报送本表；《卷烟批发企业月份销售明细清单》由从事卷烟批发的消费税纳税人填报。

享受消费税减免税优惠政策的纳税人，还应提供《本期减（免）税额明细表》以及《代扣代收税款凭证》。

2. 酒类消费税纳税人。

（1）主表：《酒类应税消费品消费税纳税申报表》，仅限酒类应税消费品消费税纳税人使用。

（2）附报资料：

附表 1：《本期准予抵减税额计算表》由以外购啤酒液为原料连续生产啤酒的纳税人或以进口葡萄酒为原料连续生产葡萄酒的纳税人填报。

附表 2：《本期代收代缴税额计算表》由酒及酒精受托加工方填报。

附表 3：《生产经营情况表》为年报，由酒及酒精消费税纳税人于年度终了后填写，次年 1 月办理消费税纳税申报时报送。

附表 4：《已核定最低计税价格白酒清单》由白酒生产企业提供。

享受消费税减免税优惠政策的纳税人应提供还应提供《本期减（免）税额明细表》。

3. 成品油消费税纳税人。

（1）主表：《成品油消费税纳税申报表》，仅限成品油消费税纳税人使用。

（2）附报资料：

附表1：《本期准予扣除税额计算表》由外购、进口或委托加工收回含铅汽油、无铅汽油、柴油、石脑油、润滑油、燃料油后连续生产应税成品油的纳税人填写。

附表2：《本期减（免）税额计算表》由按照税法规定减免应税消费品消费税的纳税人填写。

附表3：《成品油销售明细表》由成品油消费税纳税人在办理申报时提供，填写所属期内在国内销售的所有应税成品油的发票明细。

附表4：《消费税扣税凭证明细表》由外购或委托加工收回应税消费品后连续生产应税消费品的纳税人填报。

附表5：《代收代缴税款报告表》由成品油应税消费品受托加工方在实际业务发生时填写。

4. 小汽车消费税纳税人。

（1）主表：《小汽车消费税纳税申报表》，仅限小汽车消费税纳税人使用。

（2）附报资料：

附表1：《本期代收代缴税额计算表》由小汽车受托加工方填写。

附表2：《生产经营情况表》为年报，作为《小汽车消费税纳税申报表》的附报资料，由纳税人于每年年度终了后填写，次年1月办理消费税纳税申报时报送。

享受消费税减免税优惠政策的纳税人，还应提供《本期减（免）税额明细表》。

5. 其他消费税纳税人。

（1）主表：《其他应税消费品消费税纳税申报表》，限化妆品、贵重首饰及珠宝玉石、鞭炮焰火、汽车轮胎、摩托车、高尔夫球及球具、高档手表、游艇、木制一次性筷子、实木地板等消费税纳税人使用；《涂料消费税纳税申报表》，限从事涂料生产、委托加工的纳税人使用；《电池消费税纳税申报表》，限从事电池生产、委托加工的纳税人使用。

（2）附报资料：

附表1：《本期准予扣除税额计算表》由外购或委托加工收回应税消费品后连续生产应税消费品的纳税人填报。

附表2：《准予扣除消费税凭证明细表》由外购或委托加工收回应税消费品后连续生产应税消费品的纳税人填报。

附表3：《本期代收代缴税额计算表》由应税消费品受托加工方填报。

附表4：《生产经营情况表》为年报，由纳税人于年度终了后填写，次年1月办理消费税纳税申报时报送。

享受消费税减免税优惠政策的纳税人，还应提供《本期减（免）税额明细表》。

2.3.8.3 申报流程

我国消费税实行单一环节一次课征。一般在应税消费品的生产、委托加工和进口环节缴纳，在批发零售环节不再征收（卷烟、金银首饰除外）。这样做便于对消费税实施源泉控管，降低征纳成本，还可避免重复征税。

纳税人销售的应税消费品，以及自产自用的应税消费品，应当向纳税人机构所在地或者居住地的主管税务机关申报纳税。

委托加工的应税消费品，除受托方为个人外，由受托方向机构所在地或者居住地的主管税务机关解缴消费税税款。

进口的应税消费品，应当向报关地海关申报纳税。

例 2-17

B市M卷烟厂为增值税一般纳税人，某税务师事务所受托对其进行纳税审核，取得如下资料：

1. 2017年1月，M卷烟厂委托N卷烟厂加工10吨（每吨为500元）烟叶为烟丝，N卷烟厂在加工过程中代垫辅料的实际成本为1000元，加工费为3000元。N卷烟厂无同类烟丝销售价格（不考虑从量计税因素），其会计处理如下：

（1）发出委托加工物资时：

借：委托加工物资 5000

贷：原材料 5000

（2）以银行存款支付委托加工费、受托方代收代缴的消费税，同时收到受托方开具的值税专用发票：

消费税组成计税价格 =（材料成本 + 加工费）÷（1－消费税税率）=（500×10+3000）÷（1－30%）=11428.57（元）

应代收代缴消费税 = 11428.57×30%=3428.57（元）

增值税进项税额 = 3000×17%=510（元）

①支付加工费、增值税时：

借：委托加工物资 3000

应交税费——应交增值税（进项税额） 510

贷：银行存款 3510

②支付消费税时：

借：委托加工物资 3428.57

贷：银行存款 3428.57

2. 收回后的烟丝中，50% 用于连续生产卷烟，另外 50% 直接销售给 P 卷烟厂，不含税价格为 10000 元，会计处理为：

（1）生产领用时：

借：生产成本 4000

贷：委托加工物资 4000

（2）出售委托加工物资时：

借：银行存款 11700

贷：其他业务收入 11700

同时：

借：其他业务成本 4000

贷：委托加工物资 4000

3. 销售甲类卷烟（20 箱），取得不含税收入 40 万元和代垫费用 10000 元，会计处理为：

借：银行存款 478000

贷：主营业务收入　　　　　　　　　　　　400000

应交税费——应交增值税（销项税额）　　　68000

其他业务收入　　　　　　　　　　　　　10000

借：营业费用　　　　　　　　　　　　　10000

贷：银行存款　　　　　　　　　　　　10000

要求：分析企业上述会计处理是否正确，若有误，请编制调整分录。

解析：1. 委托加工消费税计算错误。

根据税法规定，委托加工的应税消费品，按照受托方的同类消费品的销售价格计算纳税；没有同类消费品销售价格的，按照组成计税价格计算纳税，组成计税价格 =（材料成本 + 加工费）÷（1- 比例税率），“加工费”是指受托方加工应税消费品向委托方收取的全部费用，包括代垫辅助材料的实际成本，企业在计算组成计税价格时没有将此项计入。

组成计税价格 =（材料成本 + 加工费）÷（1- 比例税率）=（500×10+3000+1000）÷（1-30%）= 12857.14（元）

应代收代缴的消费税 = 12857.14×30%=3857.14（元）

少计代收代缴消费税 = 3857.14-3428.57=428.57（元）

M 卷烟厂的调整分录为：

借：委托加工物资　　　　　　　　　　428.57

贷：应付账款　　　　　　　　　　　428.57

2. 收回的烟丝中，50% 用于连续生产卷烟，另外 50% 直接销售给 P 卷烟厂。

连续生产卷烟的烟业所含的消费税 = 3857.14×50%=1928.57（元）

（1）连续生产应税消费品，企业缴纳的消费税准予抵扣，因此调整分录为：

借：应交税费——应交消费税　　　　　1928.57

贷：生产成本——卷烟　　　　　　　1928.57

（2）出售委托加工物资少计了增值税，因此调整分录为：

借：其他业务收入　　　　　　　　　　1700

贷：应交税费——应交增值税（销项税额） 1700

3. 销售甲类卷烟 20 箱，每箱定额税 150 元，取得不含税收入 40 万元和代垫费用 10000 元，未计算消费税，少计算增值税。

应缴纳消费税 = 410000 × 56% + 3000 = 232600（元）

少缴纳的增值税 = 10000 × 17% = 1700（元）

会计分录调整为：

借：其他业务收入 1700

贷：应交税费——应交增值税（销项税额） 1700

借：税金及附加 232600

贷：应交税费——应交消费税 232600

2.4 车辆购置税

2.4.1 纳税人

在我国境内购置规定的车辆（以下简称应税车辆）的单位和个人，为车辆购置税的纳税人，包括购买自用、进口自用、受赠使用、自产自用、获奖自用及其他自用行为。

2.4.2 征税范围

车辆购置税的征收范围包括汽车、摩托车、电车、挂车、农用运输车。具体范围按《车辆购置税征收范围表》执行。车辆购置税征收范围见表 2-4。

表 2-4　车辆购置税征收范围表

（一）汽车：包括各类汽车
（二）摩托车 1. 轻便摩托车：最高设计时速不大于 50km/h，发动机气缸总排量不大于 $50cm^3$ 的两个或三个车轮的机动车； 2. 二轮摩托车：最高设计车速大于 50km/h，或发动机气缸总排量大于 $50cm^3$ 的两个车轮的机动车； 3. 三轮摩托车：最高设计车速大于 50km/h，或发动机气缸总排量大于 $50cm^3$，空车重量不大于 400kg 的三个车轮的机动车。
（三）电车 1. 无轨电车：以电能为动力，由专用输电电缆线供电的轮式公共车辆； 2. 有轨电车：以电能为动力，在轨道上行驶的公共车辆。
（四）挂车 1. 全挂车：无动力设备，独立承载，由牵引车辆牵引行驶的车辆； 2. 半挂车：无动力设备，与牵引车辆共同承载，由牵引车辆牵引行驶的车辆。
（五）农用运输车 1. 三轮农用运输车：柴油发动机，功率不大于 7.4kW，载重量不大于 500kg，最高车速不大于 40km/h 的三个车轮的机动车（三轮农用运输车，自 2004 年 10 月 1 日起免征车辆购置税）； 2. 四轮农用运输车：柴油发动机，功率不大于 28kW，载重量不大于 1500kg，最高车速不大于 50km/h 的四个车轮的机动车。

车辆购置税征收范围的调整，由国务院决定，其他任何部门、单位和个人无权擅自扩大或缩小车辆购置税的征税范围。

2.4.3 税率

我国车辆购置税实行统一比例税率，税率为 10%。

2.4.4 计税依据

1. 纳税人购买自用的应税车辆计税价格的确定。

纳税人购买自用的应税车辆，计税价格为纳税人购买应税车辆而支付给销售者的全部价款和价外费用，不包含增值税税款。价外费用是指销售方价外向购买方收取的基金、集资费、违约金（延期付款利息）和手续费、包装费、储存费、优质费、运输装卸费、保管费以及其他各种性质的价外收费，但不包括销售方代办保险等而向购买方收取的保险费，以及向购买方收取的代购买方缴纳的车辆购置税、车辆牌照费。

$$计税价格=\frac{全部价款+价外费用}{1+增值税税率或征收率}$$

例 2–18

张先生 2018 年 2 月在 4S 店购买排量 1.6 升的一辆轿车自用，支付含增值税价款 18 万元，配件升级费和外饰费共 2 万元，支付控购费 5000 元。4S 店代为办理的保险费 7000 元和车辆牌照费 100 元，均开具委托方发票。请计算张先生应该缴纳的车辆购置税。

应缴纳车辆购置税 =［（180000+20000）÷（1+17%）］×10% =17094.02（元）

2. 进口自用应税车辆计税依据的确定。

纳税人进口自用的应税车辆以组成计税价格为计税依据。计税价格的计算公式为：

计税价格 = 关税完税价格 + 关税 + 消费税

例 2–19

某汽车销售公司从德国进口同品牌和型号小汽车 4 辆自用。海关确认的关税完税价格为每辆 30 万元，按规定缴纳关税、进口环节的增值税和消费税，已知关税税率为 25%，消费税税率为 12%。计算该公司应该缴纳的车辆购置税。

应缴纳车辆购置税 = 4×30×（1+25%）÷（1−12%）×10% = 17.05（万元）

3. 纳税人购买自用或者进口自用应税车辆，申报的计税价格低于同类型应税车辆的最低计税价格，又无正当理由的，计税价格为国家税务总局核定的最低计税价格。

4. 纳税人自产、受赠、获奖或者以其他方式取得并自用的应税车辆的计税价格，主管税务机关参照国家税务总局规定的最低计税价格核定。

5. 国家税务总局未核定最低计税价格的车辆，计税价格为纳税人提供的有效价格证明注明的价格。有效价格证明注明的价格明显偏低的，主管税务机关有权核定应税车辆的计税价格。

6. 进口旧车、因不可抗力因素导致受损的车辆、库存超过 3 年的车辆、行驶 8 万千米以上的试验车辆、国家税务总局规定的其他车辆，计税价格为纳税人提供的有效价格证明注明的价格。纳税人无法提供车辆有效价格证明的，主管税务机关有权核定应税车辆的计税价格。

7. 免税条件消失的车辆，自初次办理纳税申报之日起，使用年限未满 10 年的，计税价格以免税车辆初次办理纳税申报时确定的计税价格为基准，每满 1 年扣减 10%；未满 1 年的，计税价格为免税车辆的原计税价格；使用年限 10 年（含 10 年）以上的，计税价格为 0。

最低计税价格是指国家税务总局依据机动车生产企业或者经销商提供的车辆价格信息，参照市场平均交易价格核定的车辆购置税计税价格。车辆购置税最低计税价格管理办法由国家税务总局另行制定。

例 2-20

某汽车生产企业向某医院捐赠了 5 辆小汽车，同类型小汽车最低计税价格为 10 万元。该汽车生产企业的小汽车和救护车的账面成本分别每辆为 8 万元。请计算该医院应缴纳车辆购置税。

应缴纳车辆购置税 $= 5 \times 10 \times 10\% = 5$（万元）

2.4.5 应纳税额的计算

车辆购置税实行从价定率的办法计算应纳税额，应纳税额的计算公式为：

应纳税额 = 计税价格 × 税率

2.4.6 征收管理

2.4.6.1 纳税环节

车辆购置税选择单一环节，实行一次课征制度，购置已征车辆购置税的车辆，不再征收车辆购置税。但免税条件消失的车辆，即免税车辆因转让、改制后改变了原免税前提条件的，就不再属于免税范围，应按规定缴纳车辆购置税。

2.4.6.2 纳税地点

纳税人购置应税车辆，应当向车辆登记注册地的主管税务机关申报纳税；购置不需要办理车辆登记注册手续的应税车辆，应当向纳税人所在地的主管税务机关申报纳税。车辆登记注册地是指车辆的上牌落籍地或落户地。

2.4.6.3 纳税期限

纳税人购买自用应税车辆的，应自购买之日起 60 日内申报纳税；进口自用应税车辆的，应自进口之日起 60 日内申报纳税；自产、受赠、获奖或者以其他方式取得并自用应税车辆的，应自取得之日起 60 日内申报纳税；免税车辆因转让、改变用途等原因，其免税条件消失的，纳税人应在免税条件消失之日起 60 日内到主管税务机关重新申报纳税。免税车辆发生转让，但仍属于免税范围的，受让方应当自购买或取得车辆之日起 60 日内到主管税务机关重新申报免税。

车辆购置税税款于纳税人办理纳税申报时一次缴清。

2.4.7 纳税申报

车辆购置税实行“一车一申报”制度。需要办理车辆登记注册手续的纳税人，向车辆登记注册地的主管税务机关办理纳税申报；不需要办理车辆登记注册手续的纳税人，向纳税人所在地的主管税务机关办理纳税申报。

2.5 关税

2.5.1 纳税人

进口货物的收货人、出口货物的发货人、进出境物品的所有人，是关税的纳税义务人。

2.5.2 征税对象

关税的征税对象是准许进口的货物和进出境物品。货物是指贸易性商品；物品指入境旅客随身携带的行李物品、个人邮递物品、各种运输工具上的服务人员携带进口的自用物品、馈赠物品以及其他方式进境的个人物品。

2.5.3 税率

我国进口税则设有最惠国税率、协定税率、特惠税率、普通税率、关税配额税率等税率形式，对进口货物在一定期限内可以实行暂定税率。我国出口税则为一栏税率，即出口税率。国家仅对少数资源性产品及易于竞相杀价、盲目出口、需要规范出口秩序的半制成品征收出口关税。

2.5.4 完税价格

进口货物的完税价格由海关以该货物的成交价格为基础审查确定，并应当包括该货物运抵中华人民共和国境内输入地点起卸前的运输及其相关费用、保险费。

出口货物的完税价格由海关以该货物的成交价格为基础审查确定，并应当包括货物运至中华人民共和国境内输出地点装载前的运输及其相关费用、保险费。

2.5.5 特殊进口货物的完税价格

2.5.5.1 运往境外修理的货物

运往境外修理的机械器具、运输工具或其他货物，出境时已向海关报明，并在海关规定期限内复运进境的，应当以海关审定的境外修理费和料件费为基础确定完税价格。

2.5.5.2 运往境外加工的货物

运往境外加工的货物，出境时已向海关报明，并在海关规定期限内复运进境的，应当以海关审定的境外加工费和料件费，以及该货物复运进境的运输及其相关费用、保险费估定完税价格。

2.5.5.3 暂时进境货物

经海关批准的暂时进境的货物，应当按照一般进口货物估价办法的规定，估定完税价格。经海关批准留购的暂时进境货物，以海关审定的留购价格作为完税价格。

2.5.5.4 租赁方式进口货物

租赁方式进口的货物中，以租金方式对外支付的租赁货物，在租赁期间以海关审定的租金作为完税价格，利息应当予以计入；留购的租赁货物，以海关审定的留购价格作为完税价格；承租人申请一次性缴纳税款的，经海关同意，按照一般进口货物估价办法的规定估定完税价格。

2.5.5.5 留购的进口货样

对于境内留购的进口货样、展览品和广告陈列品，以海关审定的留购价格作为完税价格。

2.5.6 进口货物相关费用的核定

2.5.6.1 进口货物的运费

进口货物的运费应当按照实际支付的费用计算。如果进口货物的运费无法确定，海关应当按照该货物的实际运输成本或者该货物进口同期运输行业公布的运费率（额）计算运费。

运输工具作为进口货物，利用自身动力进境的，海关在审查确定完税价格时，不再另行计入运费。

2.5.6.2 进口货物的保险费

进口货物的保险费应当按照实际支付的费用计算。如果进口货物的保险费无法确定或者未实际发生，海关应当按照“货价”和“运费”两者总额的3‰计算保险费。其计算公式为：

$$保险费=（货价+运费）\times 3‰$$

邮运进口的货物，应当以邮费作为运输及其相关费用、保险费。

2.5.6.3 其他相关费用

以境外边境口岸价格条件成交的铁路或者公路运输进口货物，海关应当按照境外边境口岸价格的1%计算运输及其相关费用、保险费。

2.5.7 应纳税额的计算

计算公式为：

关税税额 = 应税进（出）口货物数量 × 单位完税价格 × 税率

例 2-21

某公司进口一批小轿车，到岸价格为 160 万美元，关税税率为 25%，请计算该公司应缴纳的关税税额。

已知海关填发税款缴款书当日的外汇中间价：1 美元 = 6.323 元人民币。

关税完税价格 = 160×6.323=1011.68（万元）

应缴纳关税 = 1011.68×25%=252.92（万元）

2.5.8 征收管理

进口货物自运输工具申报进境之日起 14 日内，出口货物在货物运抵海关监管区后装货的 24 小时以前，应由进出口货物的纳税义务人向货物进（出）境地海关申报，海关根据税则归类和完税价格计算应缴纳的关税和进口环节代征税，并填发税款缴款书。纳税义务人应当自海关填发税款缴款书之日起 15 日内，向指定银行缴纳税款。

3 所得税类

3.1 企业所得税

企业所得税是对我国境内的企业和其他取得收入的组织的生产经营所得和其他所得征收的所得税。

3.1.1 征税对象

企业所得税的征税对象是指企业的生产经营所得、其他所得和清算所得。

3.1.1.1 居民企业的征税对象

居民企业应就来源于中国境内、境外的所得缴纳企业所得税。所得，包括销售货物所得、提供劳务所得、转让财产所得、股息红利等权益性投资所得、利息所得、租金所得、特许权使用费所得、接受捐赠所得和其他所得。

3.1.1.2 非居民企业的征税对象

非居民企业在中国境内设立机构、场所的，应当就其所设机构、场所取得的来源于中国境内的所得，以及发生在中国境外但与其所设机构、场所有实际联系的所得，缴纳企业所得税。非居民企业在中国境内未设立机构、场所的，或者虽设立机构、场所但取得的所得与其所设机构、场所没有实际联系的，应当就其来源于中国境内的所得缴纳企业所得税。

3.1.1.3 所得来源的确定

1. 销售货物所得，按照交易活动发生地确定。

2. 提供劳务所得，按照劳务发生地确定。

3. 转让财产所得。

（1）不动产转让所得按照不动产所在地确定。

（2）动产转让所得按照转让动产的企业或者机构、场所所在地确定。

（3）权益性投资资产转让所得按照被投资企业所在地确定。

4. 股息、红利等权益性投资所得，按照分配所得的企业所在地确定。

5. 利息所得、租金所得、特许权使用费所得，按照负担、支付所得的企业或者机构、场所所在地确定，或者按照负担、支付所得的个人的住所地确定。

6. 其他所得，由国务院财政、税务主管部门确定。

3.1.2 税率

1. 居民企业和在中国境内设有机构、场所且所得与机构、场所有关联的非居民企业，适用 25% 的税率征收企业所得税。

2. 在中国境内未设立机构、场所的，或者虽设立机构、场所但取得的所得与其所设机构、场所没有实际联系的非居民企业，适用 20% 征收企业所得税。但对这类企业实际征税时适用 10% 的税率。

除上述规定税率外，小型微利企业[①]减按 20% 的税率征收企业所得税，需要国家重点扶持的高新技术企业减按 15% 的税率征收企业所得税。

3.1.3 应纳税所得额的计算

企业所得税应纳税所得额的计算有两种方法，计算公式为：

应纳税所得额 = 收入总额 − 不征税收入 − 免税收入 − 各项扣除金额 − 允许弥补的以前年度亏损

应纳税所得额 = 会计利润总额 ± 纳税调整项目金额

① 自2018年1月1日至2020年12月31日，将小型微利企业的年应纳税所得额上限由50万元提高至100万元，对年应纳税所得额低于100万元（含100万元）的小型微利企业，其所得减按50%计入应纳税所得额，按20%的税率缴纳企业所得税。

企业所得税应纳税所得额的计算以权责发生制为原则，属于当期的收入和费用，不论款项是否收付，均作为当期的收入和费用；不属于当期的收入和费用，即使款项已经在当期收付，均不作为当期的收入和费用。

3.1.3.1 一般收入确认

1. 销售货物收入，是指企业销售商品、产品、原材料、包装物、低值易耗品以及其他存货取得的收入。

2. 劳务收入，是指企业从事建筑安装、修理修配、交通运输、仓储租赁、金融保险、邮电通信、咨询经纪、文化体育、科学研究、技术服务、教育培训、餐饮住宿、中介代理、卫生保健、社区服务、旅游、娱乐、加工以及其他劳务服务活动取得的收入。

3. 转让财产收入，是指企业转让固定资产、生物资产、无形资产、股权、债权等财产取得的收入。

企业转让股权收入，应于转让协议生效且完成股权变更手续时，确认收入的实现。转让股权收入扣除为取得该股权所发生的成本后，为股权转让所得。企业在计算股权转让所得时，不得扣除被投资企业未分配利润等股东留存收益中按该项股权所可能分配的金额。

4. 股息、红利等权益性投资收益，是指企业因权益性投资从被投资方取得的收入。股息、红利等权益性投资收益，除国务院财政、税务主管部门另有规定外，按照被投资方做出利润分配决定的日期确认收入的实现。

被清算企业的股东分得的剩余资产的金额，其中相当于被清算企业累计未分配利润和累计盈余公积中按该股东所占股份比例计算的部分，应确认为股息所得；剩余资产减除股息所得后的余额，超过或低于股东投资成本的部分，应确认为股东的投资转让所得或损失。

投资企业从被投资企业撤回或减少投资，其取得的资产中，相当于初始出资的部分，应确认为投资收回；相当于被投资企业累计未分配利润和累计盈余公积按减少实收资本比例计算的部分，应确认为股息所得；其余部分确认为投资资产转让所得。

5. 利息收入，是指企业将资金提供他人使用但不构成权益性投资，或者因他人占用本企业资金取得的收入，包括存款利息、贷款利息、债券利息、欠款利息等收入。利息收入，按照合同约定的债务人应付利息的日期确认收入的实现。

自 2013 年 9 月 1 日起，企业混合性投资业务，是指兼具权益和债权双重特性的投资业务。同时符合下列条件的混合性投资业务：

（1）被投资企业接受投资后，需要按投资合同或协议约定的利率定期支付利息（或定期支付保底利息、固定利润、固定股息，下同）。

（2）有明确的投资期限或特定的投资条件，并在投资期满或者满足特定投资条件后，被投资企业需要赎回投资或偿还本金。

（3）投资企业对被投资企业净资产不拥有所有权。

（4）投资企业不具有选举权和被选举权。

（5）投资企业不参与被投资企业日常生产经营活动。

符合上述（1）、（2）条规定的混合性投资业务，按下列规定进行企业所得税处理：

对于被投资企业支付的利息，投资企业应于被投资企业应付利息的日期，确认收入的实现并计入当期应纳税所得额；被投资企业应于应付利息的日期，确认利息支出，并按税法和《国家税务总局关于企业所得税若干问题的公告》（国家税务总局公告 2011 年第 34 号）的规定，进行税前扣除。

对于被投资企业赎回的投资，投资双方应于赎回时将赎价与投资成本之间的差额确认为债务重组损益，分别计入当期应纳税所得额。

6. 租金收入，是指企业提供固定资产、包装物或者其他有形资产的使用权取得的收入。租金收入，按照合同约定的承租人应付租金的日期确认收入的实现。

如果交易合同或协议中规定租赁期限跨年度，且租金提前一次性支付的，根据《企业所得税法实施条例》规定的收入与费用配比原则，出租人可对上述已确认的收入，在租赁期内，分期均匀计入相关年度收入。

7. 特许权使用费收入，是指企业提供专利权、非专利技术、商标权、著作权以及其他特许权的使用权取得的收入。按照合同约定的特许权使用人应付特许权使用费的日期确认收入的实现。

8. 接受捐赠收入，是指企业接受的来自其他企业、组织或者个人无偿给予的货币性资产、非货币性资产。按照实际收到捐赠资产的日期确认收入的实现。

9. 其他收入，是指企业取得的除以上收入外的其他收入，包括企业资产溢余收入、逾期未退包装物押金收入、确实无法偿付的应付款项、已作坏账损失处理后又收回的应收款项、债务重组收入、补贴收入、违约金收入、汇兑收益等。

3.1.3.2 特殊收入的确认

1. 以分期收款方式销售货物的，按照合同约定的收款日期确认收入的实现。

2. 企业受托加工制造大型机械设备、船舶、飞机，以及从事建筑、安装、装配工程业务或者提供其他劳务等，持续时间超过 12 个月的，按照纳税年度内完工进度或者完成的工作量确认收入的实现。

3. 采取产品分成方式取得收入的，按照企业分得产品的日期确认收入的实现，其收入额按照产品的公允价值确定。

4. 企业发生非货币性资产交换，以及将货物、财产、劳务用于捐赠、偿债、赞助、集资、广告、样品、职工福利或者利润分配等用途的，应当视同销售货物、转让财产或者提供劳务，但国务院财政、税务主管部门另有规定的除外。

3.1.3.3 其他收入的确认

1. 采用售后回购方式销售商品的，销售的商品按售价确认收入，回购的商品作为购进商品处理。有证据表明不符合销售收入确认条件的，如以销售商品方式进行融资，收到的款项应确认为负债，回购价格大于原售价的，差额应在回购期间确认为利息费用。

2. 销售商品以旧换新的，销售商品应当按照销售商品收入确认条件确认收入，回收的商品作为购进商品处理。

3. 企业为促进商品销售而在商品价格上给予的价格扣除属于商业折扣，商品销售涉及商业折扣的，应当按照扣除商业折扣后的金额确定销售商品收入金额。

4. 企业以买一赠一等方式组合销售本企业商品的，不属于捐赠，应将总的销售金额按各项商品的公允价值的比例来分摊确认各项的销售收入。

5. 企业取得财产（包括各类资产、股权、债权等）转让收入、债务重组收入、接受捐赠收入、无法偿付的应付款收入等，不论是以货币形式还是非货币形式体现，除另有规定外，均应一次性计入确认收入的年度计算缴纳企业所得税。

3.1.3.4 处置资产收入

1. 企业发生下列情形的处置资产，除将资产转移至境外以外，由于资产所有权属在形式和实质上均不发生改变，可作为内部处置资产，不视同销售确认收入，相关资产的计税基础延续计算：

（1）将资产用于生产、制造、加工另一产品。

（2）改变资产形状、结构或性能。

（3）改变资产用途（如自建商品房转为自用或经营）。

（4）将资产在总机构及其分支机构之间转移。

（5）上述两种或两种以上情形的混合。

（6）其他不改变资产所有权属的用途。

2. 企业将资产移送他人的下列情形，因资产所有权属已发生改变而不属于内部处置资产，应按规定视同销售确定收入：

（1）用于市场推广或销售。

（2）用于交际应酬。

（3）用于职工奖励或福利。

（4）用于股息分配。

（5）用于对外捐赠。

（6）其他改变资产所有权属的用途。

3. 企业发生上述第 2 种情形时，属于企业自制的资产，应按企业同类资产同期对外销售价格确定销售收入；属于外购的资产，不以销售为目的，具有替代职工福利等费用支出性质，且购买后在一个纳税年度内处置的，可按购入时的价格确定销售收入。

3.1.3.5 不征税收入

1. 财政拨款，是指各级人民政府对纳入预算管理的事业单位、社会团体等组织拨付的财政资金，但国务院和国务院财政、税务主管部门另有规定的除外。

2. 依法收取并纳入财政管理的行政事业性收费、政府性基金。行政事业性收费，是指依照法律、法规等有关规定，按照规定程序批准，在实施社会公共管理，以及在向公民、法人或者其他组织提供特定公共服务过程中，向特定对象收取并纳入财政管理的费用。

3. 国务院规定的其他不征税收入，是指企业取得的，由国务院财政、税务主管部门规定专项用途并经国务院批准的财政性资金。

3.1.3.6 免税收入

1. 国债利息收入。为鼓励企业积极购买国债，支援国家建设，税法规定，企业因购买国债所得的利息收入，免征企业所得税。

2. 符合条件的居民企业之间的股息、红利等权益性收益，是指居民企业直接投资于其他居民企业取得的投资收益。

3. 在中国境内设立机构、场所的非居民企业从居民企业取得与该机构、场所有实际联系的股息、红利等权益性投资收益。

4. 符合条件的非营利组织的收入。居民企业和非居民企业取得的上述免税的投资收益不包括连续持有居民企业公开发行并上市流通的股票不足12个月取得的投资收益。

3.1.3.7 扣除范围和标准

企业实际发生的与取得收入有关的、合理的支出，包括成本、费用、税金、损失和其他支出，准予在计算应纳税所得额时扣除。

1. 工资、薪金支出。

企业发生的合理的工资、薪金支出准予据实扣除。工资、薪金支出是企业每一纳税年度支付给本企业任职或与其有雇佣关系的员工的所有现金或非现金形式的劳动报酬，包括基本工资、奖金、津贴、补贴、年终加薪、加班工资以及与任职或者是受雇有关的其他支出。

属于国有性质的企业，其工资、薪金，不得超过政府有关部门给予的限定数额；超过部分，不得计入企业工资、薪金总额，也不得在计算企业应纳税所得额时扣除。

2. 职工福利费、工会经费、职工教育经费。

（1）企业发生的职工福利费支出，不超过工资、薪金总额 14% 的部分准予扣除；超过的部分当年不得扣除，也不得在以后年度结转扣除。

（2）企业拨缴的工会经费，不超过工资、薪金总额 2% 的部分准予扣除；超过的部分当年不得扣除，也不得在以后年度结转扣除。

（3）自 2018 年 1 月 1 日起，企业发生的职工教育经费支出，不超过工资、薪金总额 8% 的部分准予扣除，超过部分准予在以后纳税年度结转扣除。

软件生产企业发生的职工教育经费中的职工培训费用，可以全额在企业所得税前扣除。软件生产企业应准确划分职工教育经费中的职工培训费支出，对于不能准确划分的，以及准确划分后职工教育经费中扣除职工培训费用的余额，一律按照工资、薪金总额 2.5% 的比例扣除。

3. 社会保险费。

（1）企业依照国务院有关主管部门或者省级人民政府规定的范围和标准为职工缴纳的“五险一金”，即基本养老保险费、基本医疗保险费、失业保险费、工伤保险费、生育保险费等基本社会保险费和住房公积金，准予扣除。

（2）企业为在本企业任职或受雇的全体员工支付的补充养老保险费、补充医疗保险费，分别在不超过职工工资总额 5% 标准内的部分，准予扣除。超过部分，不得扣除。

4. 利息费用。

（1）非金融企业向金融企业借款的利息支出、金融企业的各项存款利息支出和同业拆借利息支出、企业经批准发行债券的利息支出可据实扣除。

（2）非金融企业向非金融企业借款的利息支出，不超过按照金融企业同期同类贷款利率计算的数额的部分可据实扣除，超过部分不允许扣除。

（3）关联企业利息费用的扣除。

企业从其关联方接受的债权性投资与权益性投资的比例超过规定标准而发生的利息支出，不得在计算应纳税所得额时扣除。

① 在计算应纳税所得额时，企业实际支付给关联方的利息支出，不超过以下规定比例和税法及其实施条例有关规定计算的部分，准予扣除，超过的部分不得在发生当期和以后年度扣除。

企业实际支付给关联方的利息支出，除符合下面第②条规定外，其接受关联方债权性投资与其权益性投资比例为：金融企业，5∶1；其他企业，2∶1。

② 企业如果能够按照税法及其实施条例的有关规定提供相关资料，并证明相关交易活动符合独立交易原则；或者该企业的实际税负不高于境内关联方的，其实际支付给境内关联方的利息支出，在计算应纳税所得额时准予扣除。

（4）企业向自然人借款的利息支出在企业所得税税前的扣除。

其利息支出在不超过按照金融企业同期同类贷款利率计算的数额的部分，准予扣除：企业与个人之间的借贷是真实、合法、有效的，并且不具有非法集资目的或其他违反法律、法规的行为；企业与个人之间签订了借款合同。

5. 借款费用。

（1）企业在生产经营活动中发生的合理的不需要资本化的借款费用，准予扣除。

（2）企业为购置、建造固定资产、无形资产和经过12个月以上的建造才能达到预定可销售状态的存货发生借款的，在有关资产购置、建造期间发生的合理的借款费用，应予以资本化，作为资本性支出计入有关资产的成本；有关资产交付使用后发生的借款利息，可在发生当期扣除。

（3）企业通过发行债券、取得贷款、吸收保户储金等方式融资而发生的合理的费用支出，符合资本化条件的，应计入相关资产成本；不符合资本化条件的，应作为财务费用，准予在企业所得税前据实扣除。

6. 汇兑损失。

企业在货币交易中，以及纳税年度终了时将人民币以外的货币性资产、负债按照期末即期人民币汇率中间价折算为人民币时产生的汇兑损失，除已经计入有关资产成本以及与向所有者进行利润分配相关的部分外，准予扣除。

7. 业务招待费。

（1）企业发生的与生产经营活动有关的业务招待费支出，按照发生额的 60% 扣除，但最高不得超过当年销售（营业）收入的 5‰。当年销售（营业）收入还包括视同销售（营业）收入额。

（2）对从事股权投资业务的企业（包括集团公司总部、创业投资企业等），其从被投资企业所分配的股息、红利以及股权转让收入，可以按规定的比例计算业务招待费扣除限额。

（3）企业在筹建期间，发生的与筹办活动有关的业务招待费支出，可按实际发生额的 60% 计入企业筹办费，并按有关规定在税前扣除。

8. 广告费和业务宣传费。

企业发生的符合条件的广告费和业务宣传费支出，除国务院财政、税务主管部门另有规定外，不超过当年销售（营业）收入 15% 的部分，准予扣除；超过部分，准予结转以后纳税年度扣除。当年销售（营业）收入还包括视同销售（营业）收入额。

自 2016 年 1 月 1 日起至 2020 年 12 月 31 日止，对化妆品制造或销售、医药制造和饮料制造（不含酒类制造）企业发生的广告费和业务宣传费支出，不超过当年销售（营业）收入 30% 的部分，准予扣除；超过部分，准予在以后纳税年度结转扣除。

企业在筹建期间，发生的广告费和业务宣传费，可按实际发生额计入企业筹办费，并按有关规定在税前扣除。

烟草企业的烟草广告费和业务宣传费支出，一律不得在计算应纳税所得额时扣除。

9. 环境保护专项资金。

企业依照法律、行政法规有关规定提取的用于环境保护、生态恢复等方面的专项资金，准予扣除。上述专项资金提取后改变用途的，不得扣除。

10. 租赁费。

企业根据生产经营活动的需要租入固定资产支付的租赁费，按照以下方法扣除：

（1）以经营租赁方式租入固定资产发生的租赁费支出，按照租赁期限均匀扣除。经营性租赁是指所有权不转移的租赁。

（2）以融资租赁方式租入固定资产发生的租赁费支出，按照规定构成融资租入固定资产价值的部分应当提取折旧费用，分期扣除。融资租赁是指在实质上转移与一项资产所有权有关的全部风险和报酬的一种租赁。

11. 劳动保护支出。

企业发生的合理的劳动保护支出，准予扣除。

企业根据其工作性质和特点，由企业统一制作并要求员工工作时统一着装所发生的工作服饰费用，可以作为企业合理的支出给予税前扣除。

12. 公益性捐赠支出。

公益性捐赠，是指企业通过公益性社会团体或者县级以上人民政府及其部门，用于《公益事业捐赠法》规定的公益事业的捐赠。

企业发生的公益性捐赠支出，不超过年度利润总额 12% 的部分，准予扣除。超过年度利润总额 12% 的部分，准予以后 3 年内在计算应纳税所得额时结转扣除。年度利润总额，是指企业依照国家统一会计制度的规定计算的年度会计利润。

13. 总机构分摊的费用。

非居民企业在中国境内设立的机构、场所，就其中国境外总机构发生的与该机构、场所生产经营有关的费用，能够提供总机构出具的费用汇集范围、定额、分配依据和方法等证明文件，并合理分摊的，准予扣除。

14. 资产损失。

企业当期发生的固定资产和流动资产盘亏、毁损净损失，由其提供清查盘存资料经向主管税务机关备案后，准予扣除；企业因存货盘亏、毁损、报废等原因不得从销项税金中抵扣的进项税金，应视同企业财产损失，准予与存货损失一起在税前按规定扣除。

15. 依照有关法律、行政法规和国家有关税法规定准予扣除的其他项目。如会员费、合理的会议费、差旅费、违约金、诉讼费用等。

16. 手续费及佣金支出。

（1）企业发生与生产经营有关的手续费及佣金支出，不超过以下规定计算限额以内的部分，准予扣除；超过部分，不得扣除。

① 保险企业：财产保险企业按当年全部保费收入扣除退保金等后余额的 15%（含本数，下同）计算限额；人身保险企业按当年全部保费收入扣除退保金等后余额的 10% 计算限额。

② 其他企业：按与具有合法经营资格中介服务机构或个人（不含交易双方及其雇员、代理人和代表人等）所签订服务协议或合同确认的收入金额的 5% 计算限额。

（2）企业应与具有合法经营资格的中介服务企业或个人签订代办协议或合同，并按国家有关规定支付手续费及佣金。除委托个人代理外，企业以现金等非转账方式支付的手续费及佣金不得在税前扣除。企业为发行权益性证券支付给有关证券承销机构的手续费及佣金不得在税前扣除。

（3）企业不得将手续费及佣金支出计入回扣、业务提成、返利、进场费等费用。

（4）企业已计入固定资产、无形资产等相关资产的手续费及佣金支出，应当通过折旧、摊销等方式分期扣除，不得在发生当期直接扣除。

（5）企业支付的手续费及佣金不得直接冲减服务协议或合同金额，并如实入账。

（6）企业应当如实向当地主管税务机关提供当年手续费及佣金计算分配表和其他相关资料，并依法取得合法真实凭证。

（7）从事代理服务、主营业务收入为手续费、佣金的企业（如证券、期货、保险代理等企业），其为取得该类收入而实际发生的营业成本（包括手续费及佣金支出），准予在企业所得税前据实扣除。

17. 以前年度发生应扣未扣支出的税务处理。

根据《税收征管法》的有关规定，对企业发现以前年度实际发生的、按照税收规定应在企业所得税前扣除而未扣除或者少扣除的支出，企业做出专项申报及说明后，准予追补至该项目发生年度计算扣除，但追补确认期限不得超过5年。

18. 税前扣除规定与企业实际会计处理之间的税务处理。

对企业依据财务会计制度规定，并实际在财务会计处理上已确认的支出，凡没有超过《企业所得税法》和有关税收法规规定的税前扣除范围和标准的，可按企业实际会计处理确认的支出，在企业所得税前扣除，计算其应纳税所得额。

3.1.3.8 不得扣除的项目

1. 向投资者支付的股息、红利等权益性投资收益款项。

2. 企业所得税税款。

3. 税收滞纳金，指纳税人违反税收法规，被税务机关处以的滞纳金。

4. 罚金、罚款和被没收财物的损失，指纳税人违反国家有关法律、法规规定，被有关部门处以的罚款，以及被司法机关处以的罚金和被没收财物。

5. 超过规定标准的捐赠支出。

6. 赞助支出，指企业发生的与生产经营活动无关的各种非广告性质支出。

7. 未经核定的准备金支出，指不符合国务院财政、税务主管部门规定的各项资产减值准备、风险准备等准备金支出。

8. 企业之间支付的管理费、企业内营业机构之间支付的租金和特许权使用费，以及非银行企业内营业机构之间支付的利息，不得扣除。

9. 与取得收入无关的其他支出。

3.1.4 应纳税额的计算

居民企业应缴纳所得税额等于应纳税所得额乘以适用税率，基本计算公式为：

应纳税额 = 应纳税所得额 × 适用税率 − 减免税额 − 抵免税额

例 3–1

某工业企业为居民企业，2017 年发生经营业务如下：

（1）取得产品销售收入 5000 万元。

（2）与产品销售收入配比的成本 3400 万元。

（3）发生销售费用 890 万元（其中广告费 760 万元）；管理费用 460 万元（其中业务招待费 30 万元）；财务费用 70 万元。

（4）企业所得税前准许扣除的税金及附加 60 万元。

（5）取得营业外收入 80 万元，发生营业外支出 50 万元（含通过公益性社会团体向贫困山区捐款 26 万元，支付税收滞纳金 5 万元）。

（6）计入成本、费用中的实发工资总额 300 万元、拨缴职工工会经费 6 万元、发生职工福利费 45 万元、发生职工教育经费 11.5 万元。

请计算该企业 2017 年应缴纳的企业所得税。

（1）会计利润总额 = 5000 − 3400 − 890 − 460 − 70 − 60 + 80 − 50 = 150（万元）

（2）广告费应调增所得额 = 760 − 5000 × 15% = 10（万元）

（3）业务招待费调增所得额 = 30 − 30 × 60% = 12（万元）

5000 × 5‰ = 25（万元）> 30 × 60% = 18（万元）

（4）捐赠支出应调增所得额 = 26 − 150 × 12% = 8（万元）

（5）工会经费应调增所得额 = 6 − 300 × 2% = 0（万元）

（6）职工福利费应调增所得额 = 45 − 300 × 14% = 3（万元）

（7）职工教育经费应调增所得额＝11.5－300×2.5%＝4（万元）

（8）应纳税所得额＝150＋10＋12＋8＋3＋4＋5（税收滞纳金）＝192（万元）

（9）该企业2017年应缴纳企业所得税＝192×25%＝48（万元）

例 3-2

某科技型中小企业，有职工90人，资产总额2800万元。2017年该企业生产经营业务如下：

（1）取得产品销售收入3000万元、国债利息收入20万元；

（2）与产品销售收入配比的成本2200万元；

（3）发生销售费用252万元、管理费用390万元（其中业务招待费28万元、新产品研发费用120万元）；

（4）向非金融企业借款200万元，支付年利息费用18万元（注：金融企业同期同类借款年利息率为6%）；

（5）企业所得税前准许扣除的税金及附加32万元；

（6）10月购进符合《环境保护专用设备企业所得税优惠目录》的专用设备，取得增值税专用发票注明金额30万元、增值税进项税额5.1万元，该设备当月投入使用；

（7）计入成本、费用中的实发工资总额200万元、拨缴职工工会经费4万元、发生职工福利费35万元、发生职工教育经费10万元。

请计算该企业2017年应缴纳的企业所得税。

（1）会计利润总额＝3000＋20－2200－252－390－18－32＝128（万元）

（2）国债利息收入免征企业所得税，应调减所得额20万元。

（3）业务招待费应调增所得额＝28－15＝13（万元）

28×60%＝16.8（万元）＞3000×5‰＝15（万元）

（4）新产品研发费用应调减所得额＝120×75%＝90（万元）

（5）利息费用支出应调增所得额＝18－200×6%＝6（万元）

（6）工会经费应调增所得额 $= 4 - 200 \times 2\% = 0$（万元）

（7）职工福利费应调增所得额 $= 35 - 200 \times 14\% = 7$（万元）

（8）职工教育经费应调增所得额 $= 10 - 200 \times 2.5\% = 5$（万元）

（9）应纳税所得额 $= 128 - 20 + 13 - 90 + 6 + 7 + 5 = 49$（万元）

（10）该企业2017年应缴纳企业所得税 $= 49 \times 50\% \times 20\% - 30 \times 10\% = 1.9$（万元）

3.1.5 征收管理

3.1.5.1 纳税期限

企业所得税按年计征，分月或者分季预缴，年终汇算清缴，多退少补。

企业所得税的纳税年度，自公历1月1日起至12月31日止。企业在一个纳税年度的中间开业，或者由于合并、关闭等原因终止经营活动，使该纳税年度的实际经营期不足12个月的，应当以其实际经营期为一个纳税年度。企业清算时，应当以清算期间作为一个纳税年度。企业应当自清算结束之日起15日内，向主管税务机关报送企业所得税纳税申报表，并结清税款。

正常情况下，企业自年度终了之日起5个月内，向税务机关报送年度企业所得税纳税申报表，并汇算清缴，结清应缴应退税款。企业在年度中间终止经营活动的，应当自实际经营终止之日起60日内，向税务机关办理当期企业所得税汇算清缴。

3.1.5.2 纳税地点

1. 除税收法律、行政法规另有规定外，居民企业以企业登记注册地为纳税地点；但登记注册地在境外的，以实际管理机构所在地为纳税地点。企业注册登记地是指企业依照国家有关规定登记注册的住所地。

2. 居民企业在中国境内设立不具有法人资格的营业机构的，应当汇总计算并缴纳企业所得税。企业汇总计算并缴纳企业所得税时，应当统一核算应纳税所得额，具体办法由国务院财政、税务主管部门另行制定。

3. 非居民企业在中国境内设立机构、场所的，应当就其所设机构、场所取得的来源于中国境内的所得，以及发生在中国境外但与其所设机构、场所有实际联系的所得，以机构、场所所在地为纳税地点。非居民企业在中国境内设立两个或者两个以上机构、场所的，经税务机关审核批准，可以选择由其主要机构、场所汇总缴纳企业所得税。非居民企业经批准汇总缴纳企业所得税后，需要增设、合并、迁移、关闭机构、场所或者停止机构、场所业务的，应当事先由负责汇总申报缴纳企业所得税的主要机构、场所向其所在地税务机关报告；需要变更汇总缴纳企业所得税的主要机构、场所的，依照前款规定办理。

4. 非居民企业在中国境内未设立机构、场所，或者虽设立机构、场所但取得的所得与其所设机构、场所没有实际联系的，以扣缴义务人所在地为纳税地点。

5. 除国务院另有规定外，企业之间不得合并缴纳企业所得税。

3.1.5.3 缴纳申报

按月或按季预缴的，应当自月或者季度终了之日起 15 日内，向税务机关报送预缴企业所得税纳税申报表，预缴税款。

企业在报送企业所得税纳税申报表时，应当按照规定附送财务会计报告和其他有关资料。

企业应当在办理注销登记前，就其清算所得向税务机关申报并依法缴纳企业所得税。

依照《企业所得税法》缴纳的企业所得税，以人民币计算。所得以人民币以外的货币计算的，应当折合成人民币计算并缴纳税款。

3.1.6 纳税申报

3.1.6.1 办理时限

企业所得税按纳税年度计算，纳税年度自公历 1 月 1 日起至 12 月 31 日止。企业在一个纳税年度中间开业，或者终止经营活动，使该纳税年度的实际经营期不足 12 个月的，应当以其实际经营期为一个纳税年度。企业依法清算时，应当以清算期间作为一个纳税年度。

企业所得税分月或者分季预缴，应当自月份或者季度终了之日起 15 日内，向税务机关预缴企业所得税纳税申报表，预缴税款。

企业应当自年度终了之日起 5 个月内，向税务机关报送年度企业所得税纳税申报表，并汇算清缴，结清应缴应退税款。

企业在年度中间终止经营活动的，应当自实际经营终止之日起 60 日内，向税务机关办理当期企业所得税汇算清缴。企业应当在办理注销登记前，就其清算所得向税务机关申报并依法缴纳企业所得税。

3.1.6.2 报送资料

企业在纳税年度内无论盈利或者亏损，都应当依照税法规定的期限，向税务机关报送预缴企业所得税纳税申报表、年度企业所得税纳税申报表，并同时报送财务会计报告和税务机关规定应当报送的其他有关资料。

1. 预缴申报。

根据《国家税务总局关于发布〈中华人民共和国企业所得税月（季）度预缴纳税申报表（A 类，2018 版）〉等报表的公告》（国家税务总局公告 2018 年第 26 号）规定，从 2018 年 7 月 1 日起，实行查账征收企业所得税的居民企业预缴月份、季度税款时填报《中华人民共和国企业所得税月（季）度预缴纳税申报表（A 类，2018 年版）》（见附录一）；实行核定征收企业所得税的居民企业预缴月份、季度税款时填报《中华人民共和国企业所得税月（季）度和年度纳税申报表（B 类，2018 年版）》（见附录二）。

其中，《中华人民共和国企业所得税月（季）度预缴纳税申报表（A类，2018年版）》中，还包括《免税收入、减计收入、所得减免等优惠明细表》（A201010）、《固定资产加速折旧（扣除）优惠明细表》（A201020）、《减免所得税优惠明细表》（A201030）和《企业所得税汇总纳税分支机构所得税分配表》（A202000）。涉及相关内容的企业应按规定填列附表后，完成预缴纳税申报表。

2. 年度申报。

《国家税务总局关于发布〈中华人民共和国企业所得税年度纳税申报表（A类，2017年版）〉的公告》（国家税务总局公告2017年第54号）规定："为贯彻落实《中华人民共和国企业所得税法》及有关政策，现将《中华人民共和国企业所得税年度纳税申报表（A类，2017年版）》予以发布，适用于2017年度及以后年度企业所得税汇算清缴纳税申报。《国家税务总局关于发布〈中华人民共和国企业所得税年度纳税申报表(A类,2014年版)〉的公告》（国家税务总局公告2014年第63号）、《国家税务总局关于修改企业所得税年度纳税申报表（A类，2014年版）部分申报表的公告》（国家税务总局公告2016年第3号）同时废止。"

实行核定征收企业所得税的居民企业年度汇算清缴时填报《中华人民共和国企业所得税月（季）度和年度纳税申报表（B类，2018年版）》。

另外，跨地区经营汇总纳税企业的分支机构，使用《中华人民共和国企业所得税月（季）度预缴纳税申报表（A类，2018年版）》进行年度企业所得税汇算清缴申报。

3. 非居民企业申报。

根据《国家税务总局关于发布〈中华人民共和国非居民企业所得税年度纳税申报表〉等报表的公告》（国家税务总局公告2015年第30号）规定，从2015年7月1日起，非居民企业启用新的纳税申报表体系。《中华人民共和国非居民企业所得税季度纳税申报表（适用于据实申报企业）》适用于非居民企业预缴季度税款时填报。《中华人民共和国非居民企业所得税年度纳税申报表（适用于据实申报企业）》适用于非居民企业年度企业所得税汇算清缴时填报，其中附表《金融企业收入明细表》《金融企业支出明细表》和《对外合作开采石油企业勘探开发费用年度明细表》，由特定行业企业填报，一般企业无须填报。《中华人民共和国非居民企业所得税季度和年度纳税申报表（适用于核定征收企业）/（不构成常设机构和国际运输免税申报）》适用于非居民企业预缴季度税款、年度企业所得税汇算清缴时填报，同时，不构成常设机构和国际运输免税申报也使用该表。

扣缴义务人应填列《中华人民共和国扣缴企业所得税报告表》，包括法定扣缴义务人和指定扣缴义务人，以及扣缴义务人未依法扣缴或者无法履行扣缴义务情况下自行申报的纳税人，按次或按期扣缴或申报企业所得税税款时填报。

3.1.6.3 纳税申报表及填报说明

1. 预缴申报

企业预缴申报，在准确选择表类的基础上，根据纳税人预缴方式的不同，分别填报表格的不同部分和内容。具体填报说明，参看国家税务总局公告2018年第26号文件附件。

2. 年度申报

根据《企业所得税纳税申报表（A类，2017版）》的格式，企业应纳税额的计算依次经过利润总额的计算、应纳税所得额的计算、应纳税额的计算三个层次，报表还有附列资料行次。新的申报表共有37张，但纳税人可以根据自身的业务情况，凡涉及的，选择填报，不涉及的，就无须填报。需要注意的是，首先应填列企业所得税纳税申报表填列表单和企业基础信息表。

纳税申报时，需要对每个层次认真分析、计算填报。一方面，根据纳税申报表填报说明的要求填写，确保项目口径、金额的准确；另一方面，需要根据会计准则、会计制度和税法的有关规定，对企业核算结果进行审核和调整，最终产生申报的结果。

例 3-3

某企业 2010 年在 A 市登记注册，主营机电产品的生产、加工，为增值税的一般纳税人。该企业委托某会计师事务所对 2017 年度企业所得税进行纳税审查。

1. 2017 年该企业自行计算的企业所得税情况见表 3-1。

表 3-1　某企业自行填制的企业所得税纳税申报表

行次	类别	项　目	金额（元）
1	利润总额计算	一、营业收入	65000000
2		减：营业成本	23000000
3		减：税金及附加	5000000
4		减：销售费用	8000000
5		减：管理费用	4500000
6		减：财务费用	1000000
7		减：资产减值损失	500000
8		加：公允价值变动收益	-1000000
9		加：投资收益	1500000
10		二、营业利润（1-2-3-4-5-6-7+8+9）	23500000
11		加：营业外收入	1500000
12		减：营业外支出	2000000
13		三、利润总额（10+11-12）	23000000
14	应纳税所得额计算	减：境外所得	
15		加：纳税调整增加额	150000
16		减：纳税调整减少额	
17		减：免税、减计收入及加计扣除	600000
18		加：境外应税所得抵减境内亏损	
19		四、纳税调整后所得（13-14+15-16-17+18）	22550000

续表

行次	类别	项目	金额（元）
20	应纳税所得额计算	减：所得减免	
21		减：弥补以前年度亏损	
22		减：抵扣应纳税所得额	
23		五、应纳税所得额（19−20−21−22）	22550000
24	应纳税额计算	税率（25%）	25%
25		六、应纳所得税额（23×24）	5637500
26		减：减免所得税额	
27		减：抵免所得税额	
28		七、应纳税额（25−26−27）	5637500
29		加：境外所得应纳所得税额	
30		减：境外所得抵免所得税额	
31		八、实际应纳所得税额（28+29−30）	5637500
32		减：本年累计实际已缴纳的所得税额	3545000
33		九、本年应补（退）所得税额（31−32）	2092500
34		其中：总机构分摊本年应补（退）所得税额	
35		财政集中分配本年应补（退）所得税额	
36		总机构主体生产经营部门分摊本年应补（退）所得税额	

已知表3−1中利润总额计算各项目数据均来自企业会计核算结果。该企业没有未弥补亏损金额、没有境外所得、没有所得减免、抵扣应纳税所得额、减免所得税额和抵免所得税额。已知2017年实际累计已预缴所得税额3545000元。表3−1中纳税调增150000元为营业外支出中列支的行政处罚罚款。

2. 企业的部分财务会计核算资料。

在审查中取得企业部分财务会计核算资料如下：

（1）2017 年 3 月 25 日显示一笔业务，会计处理如下（凭证号为 15#）：

借：营业外支出　　200000

　　贷：库存商品　　200000

经了解，为企业将自产产品一批赠送给某农场，产品成本为 200000 元。已知该企业同类产品当月售价 240000 元。

（2）2017 年 10 月 16 日显示一笔业务，会计处理如下（凭证号为 13#）：

借：长期股权投资——投资成本　　3600000

　　贷：银行存款　　3000000

　　　　营业外收入　　600000

经了解，企业取得 B 公司 30% 的股权，支付价款 3000000 元；取得股权后，能够对 B 公司施加重大影响，企业采用权益法核算此长期投资。由于取得投资时被投资单位可辨认净资产的公允价值为 12000000 元。按照持股比例，企业应确认的投资成本为 3600000 元。

（3）企业 2017 年度在费用中列支业务招待费共计 600000 元。

（4）企业 2017 年度在费用中列支广告费和业务宣传费共计 7000000 元，其中 10 月有一笔向某歌舞晚会（经确认无业务宣传性质）支付的赞助费 500000 元，未取得相关票据，企业会计处理为（凭证号为 23#）：

借：销售费用　　500000

　　贷：银行存款　　500000

（5）企业的投资收益中包含持有国债利息收入 450000 元及转让国债的收益 300000 元，共计 750000 元全额作为免税收入。经审查，该国债转让收益 300000 元，包含按国债面额、持有天数和国债日利率计算的利息收入 200000 元。

（6）企业 2017 年 6 月在管理费用中列支保险费支出 400000 元，经核实为企业为部分管理人员购买的健康保险（凭证号为 41#）。

（7）企业 2017 年 12 月财务费用中列支向员工筹集的利息支出

550000元（凭证号为35#），经核实，该笔利息支出中若按照金融机构同期同类贷款利息标准，最高可支付利息300000元。

（8）企业2017年12月31日对价格下跌的一批原材料计提存货跌价准备，会计处理如下（凭证号为40#）：

借：资产减值损失　　500000

　贷：存货跌价准备　　500000

经审查，符合会计准则的规定。

（9）企业2017年12月31日凭证号44#记录如下：

借：公允价值变动损益　　1500000

　贷：交易性金融资产——公允价值变动　　1500000

该笔业务为企业持有的当年从二级市场购入的某公司债券的公允价值，比购买时下跌1500000元，企业因而确认的公允价值变动损益。

3. 案例分析。

（1）3月25#凭证记载业务处理错误。企业将自产产品销售，应视同销售确认收入，同时计缴应纳增值税额。应按照同类产品当月售价240000元确认销售收入。

应补缴增值税＝240000×17%＝40800（元）

应做以下账务处理：

借：以前年度损益调整　　40800

　贷：应交税费——应交增值税（销项税额）　　40800

视同销售部分应调整增加应纳税所得额＝240000－200000＝40000（元）

同时捐赠不符合公益性捐赠条件，不允许税前扣除，应调增应纳税所得额为200000元。

（2）10月16#凭证记录的业务内容，与税法规定不符。按照税法规定，该项目投资应按照实际支付的价款确认成本，会计上确认的营业外收入，应做纳税调减，调减应纳税所得额为600000元。

（3）企业当年列支的业务招待费共计600000元，按照税法规定，业务招待费按照发生额的60%扣除，但最高不得超过当年销售收入的

5‰。计算扣除比例的销售收入为主营业务收入、其他业务收入和视同销售收入。

计算基数 = 65000000+240000=65240000（元）

扣除限额 = 65240000×5‰ =326200（元）

实际发生额的 60%=600000×60%=360000（元）

实际发生额的 60% 超过了扣除限额，故可税前扣除的业务招待费金额为 326200 元；应调增应纳税所得额 = 600000−326200=273800（元）。

（4）10 月 23# 凭证所列赞助支出 500000 元记录错误，应在“营业外支出”中列支，并不得在税前扣除。

企业发生的符合规定的广告费支出 = 7000000−500000=6500000（元）。按照税法规定，可以税前扣除的金额 = 65240000×15%=9786000（元）。企业发生额不超过比例，可以全额扣除。但赞助支出 500000 元应做纳税调增。

（5）企业的投资收益中，持有国债利息收入属于免税收入。该企业转让国债的收益中，只有 200000 元属于免税收入，而另外 100000 元（300000−200000）属于应税收入，应做纳税调增。

（6）6 月 41# 凭证记载的保险费不允许税前扣除。应调增应纳税所得额 400000 元。

（7）12 月 35# 凭证显示的利息支出 550000 元，根据税法规定可以税前扣除的金额为 300000 元，应予调增应纳税所得额 250000 元。

（8）12 月 40# 凭证记录的业务内容，属于不可在税前扣除的准备金支出对应的资产减值损失已在利润中扣除，应做纳税调增 500000 元。

（9）12 月 44# 凭证记录的业务内容，与税法规定相抵触。按照税法规定，企业持有的交易性金融资产，持有期间因价值变动确认的损失，不得税前扣除，应予纳税调整，调增应纳税所得额 1500000 元。

4. 应补缴税额及账务处理。

（1）应补缴增值税 = 40800（元）

应补缴城市维护建设税 = 40800×7%=2856（元）

应补缴教育费附加 = 40800×3%=1224（元）

借：应交税费——应交增值税（转出未交增值税） 40800
　　贷：应交增值税——未交增值税 40800
借：以前年度损益调整 4080
　　贷：应交税费——应交城市维护建设税 2856
　　　　　　　——应交教育费附加 1224

（2）应补缴企业所得税汇总

以前年度损益调整汇总 = −40800 − 4080 = −44880（元）

直接调整应纳税所得额汇总 = 40000 + 200000 − 600000 + 273800 + 500000 + 100000 + 400000 + 250000 + 500000 + 1500000 = 3163800（元）

应补缴企业所得税 =（3163800 − 44880）× 25% = 3118920 × 25% = 779730（元）

应做账务处理：

借：以前年度损益调整 779730
　　贷：应交税费——应交所得税 779730

（3）以前年度损益调整差额应转入“利润分配”科目

应转金额 = 779730 + 44880 = 824610（元）。

应做账务处理：

借：利润分配——未分配利润 824610
　　贷：以前年度损益调整 824610

3.2 个人所得税

个人所得税是以个人取得的各类应税所得为征税对象而征收的一种所得税。

3.2.1 纳税义务人

个人所得税的纳税义务人，包括中国公民、个体工商业户、个人独资企业、合伙企业的个人投资者，在中国有所得的外籍人员（包括无国籍人员，下同）和香港、澳门、台湾同胞。

3.2.1.1 居民纳税义务人

居民纳税义务人负有无限纳税义务。其所取得的应纳税所得，无论是来源于中国境内还是中国境外任何地方，都要在中国缴纳个人所得税。根据《个人所得税法》规定，居民纳税义务人是指在中国境内有住所，或者无住所而在中国境内居住满1年的个人。

3.2.1.2 非居民纳税义务人

非居民纳税义务人，是指不符合居民纳税义务人判定标准（条件）的纳税义务人，非居民纳税义务人承担有限纳税义务，即仅就其来源于中国境内的所得，向中国缴纳个人所得税。根据《个人所得税法》规定，非居民纳税义务人是在中国境内无住所又不居住或者无住所而在境内居住不满1年的个人。非居民纳税义务人，实际上是指在一个纳税年度中，没有在中国境内居住或者在中国境内居住不满1年的外籍人员、华侨或香港、澳门、台湾同胞。

3.2.2 征税范围

3.2.2.1 工资、薪金所得

工资、薪金所得，是指个人因任职或者受雇而取得的工资、薪金、奖金、年终加薪、劳动分红、津贴、补贴以及与任职或者受雇有关的其他所得。

3.2.2.2 个体工商户的生产、经营所得

个体工商户的生产、经营所得，是指个体工商户从事工业、手工业、建筑业、交通运输业、商业、饮食业、服务业、修理业以及其他行业生产、经营取得的所得。

3.2.2.3 对企事业单位的承包经营、承租经营所得

对企事业单位的承包经营、承租经营所得，是指个人承包经营或承租经营以及转包、转租取得的所得。承包项目可分多种，如生产经营、采购、销售、建筑安装等各种承包。转包包括全部转包或部分转包。

3.2.2.4 劳务报酬所得

劳务报酬所得，指个人独立从事各种非雇用的各种劳务所取得的所得。

3.2.2.5 稿酬所得

稿酬所得，是指个人因其作品以图书、报刊形式出版、发表而取得的所得。

3.2.2.6 特许权使用费所得

特许权使用费所得，是指个人提供专利权、商标权、著作权、非专利技术以及其他特许权的使用权取得的所得。提供著作权的使用权取得的所得，不包括稿酬所得。

3.2.2.7 利息、股息、红利所得

利息、股息、红利所得，是指个人拥有债权、股权而取得的利息、股息、红利所得。

3.2.2.8 财产租赁所得

财产租赁所得，是指个人出租建筑物、土地使用权、机器设备、车船以及其他财产取得的所得。

个人取得的财产转租收入，属于“财产租赁所得”的征税范围，由财产转租人缴纳个人所得税。

3.2.2.9 财产转让所得

财产转让所得，是指个人转让有价证券、股权、建筑物、土地使用权、机器设备、车船以及其他财产取得的所得。

3.2.2.10 偶然所得

偶然所得，是指个人得奖、中奖、中彩以及其他偶然性质的所得。

3.2.2.11 经国务院财政部门确定征税的其他所得

除上述列举的各项个人应税所得外，其他确有必要征税的个人所得，由国务院财政部门确定。个人取得的所得，难以界定应纳税所得项目的，由主管税务机关确定。

3.2.3 税率

3.2.3.1 工资、薪金所得适用七级超额累进税率（见表 3–2）

表 3–2　　工资、薪金所得个人所得税税率和速算扣除数表

级数	全月含税应纳税所得额	全月不含税应纳税所得额	税率（%）	速算扣除数
1	不超过 1500 元的	不超过 1455 元的	3	0
2	超过 1500 ~ 4500 元的部分	超过 1455 ~ 4155 元的部分	10	105
3	超过 4500 ~ 9000 元的部分	超过 4155 ~ 7755 元的部分	20	555
4	超过 9000 ~ 35000 元的部分	超过 7755 ~ 27255 元的部分	25	1005
5	超过 35000 ~ 55000 元的部分	超过 27255 ~ 41255 元的部分	30	2755
6	超过 55000 ~ 80000 元的部分	超过 41255 ~ 57505 元的部分	35	5505
7	超过 80000 元的部分	超过 57505 元的部分	45	13505

3.2.3.2 个体工商户的生产、经营所得和对企事业单位的承包经营、承租经营所得适用五级超额累进税率（见表 3–3）

表 3–3 个体工商户的生产、经营所得和对企事业单位的承包经营、承租经营所得个人所得税税率和速算扣除数表

级数	全年含税应纳税所得额	全年不含税应纳税所得额	税率（%）	速算扣除数
1	不超过 15000 元的	不超过 14250 元的	5	0
2	超过 15000 ~ 30000 元的部分	超过 14250 ~ 27750 元的部分	10	750
3	超过 30000 ~ 60000 元的部分	超过 27750 ~ 51750 元的部分	20	3750
4	超过 60000 ~ 100000 元的部分	超过 51750 ~ 79750 元的部分	30	9750
5	超过 100000 元的部分	超过 79750 元的部分	35	14750

3.2.3.3 稿酬所得适用税率

稿酬所得适用比例税率，税率为 20%，并按应纳税额减征 30%。

3.2.3.4 劳务报酬所得适用税率

劳务报酬所得，适用比例税率，税率为 20%。对劳务报酬所得一次收入畸高的，可以实行加成征收，具体办法由国务院规定。

根据《个人所得税法实施条例》规定，“劳务报酬所得一次收入畸高”，是指个人一次取得劳务报酬，其应纳税所得额超过 20000 元。对应纳税所得额超过 20000 ~ 50000 元的部分，依照税法规定计算应纳税额后再按照应纳税额加征五成；超过 50000 元的部分，加征十成。因此，劳务报酬所得实际上适用 20%、30%、40% 的三级超额累进税率，见表 3–4。

表 3–4 劳务报酬所得个人所得税税率和速算扣除数表

级数	每次应纳税所得额	税率（%）	速算扣除数
1	不超过 20000 元的部分	20	0
2	超过 20000 ~ 50000 元的部分	30	2000
3	超过 50000 元的部分	40	7000

3.2.3.5 特许权使用费所得，利息、股息、红利所得，财产租赁所得，财产转让所得，偶然所得和其他所得适用税率

特许权使用费所得，利息、股息、红利所得，财产租赁所得，财产转让所得，偶然所得和其他所得，适用比例税率，税率为20%。

3.2.4 应纳税额的计算

3.2.4.1 工资、薪金所得应纳税额的计算

应纳税额 = 应纳税所得额 × 适用税率 − 速算扣除数
= (每月收入额 −3500 元或 4800 元) × 适用税率 − 速算扣除数

例 3–4

假定某纳税人2017年8月取得含税工资收入8200元，该纳税人不适用附加减除费用的规定。请计算其当月应缴纳个人所得税税额。

（1）应纳税所得额 = 8200 − 3500 = 4700（元）

（2）应缴纳个人所得税 = 4700 × 20% − 555 = 385（元）

例 3–5

假定某外商投资企业中工作的美国专家（为非居民纳税人）于2017年10月取得由该企业发放的含税工资收入人民币20400元。请计算其应缴纳个人所得税税额。

（1）应纳税所得额 = 20400 − 4800 = 15600（元）

（2）应缴纳个人所得税 = 15600 × 25% − 1005 = 2895（元）

3.2.4.2 个体工商户的生产、经营所得应纳税额的计算

个体工商户的生产、经营所得应纳税额的计算公式为：

应纳税额＝应纳税所得额 × 适用税率－速算扣除数
＝（全年收入总额－成本、费用以及损失）×
适用税率－速算扣除数

例 3-6

某小型运输公司系个体工商户，2017 年取得营业收入共计 82 万元，准许扣除的成本、费用税金共计 67.06 万元（含户主工资 8 万元）。请计算该个体工商户 2017 年应缴纳的个人所得税。

（1）2017 年应纳税所得额＝820000－（670600－80000）－3500×12＝187400（元）

（2）2017 年应缴纳个人所得税＝187400×35%－14750＝50840（元）

3.2.4.3 对企事业单位的承包经营、承租经营所得应纳税额的计算

对企事业单位的承包经营、承租经营所得，其个人所得税应纳税额的计算公式为：

应纳税额＝应纳税所得额 × 适用税率－速算扣除数
＝（纳税年度收入总额－必要费用）×
适用税率－速算扣除数

3.2.4.4 劳务报酬所得应纳税额的计算

对劳务报酬所得，其个人所得税应纳税额的计算如下。

1. 每次收入不足 4000 元的：

应纳税额 = 应纳税所得额 × 适用税率
= （每次收入额 −800）× 20%

2. 每次收入在 4000 元以上的：

应纳税额 = 应纳税所得额 × 适用税率
= 每次收入额 ×（1−20%）× 20%

3. 每次收入的应纳税所得额超过 20000 元的：

应纳税额 = 应纳税所得额 × 适用税率 − 速算扣除数
= 每次收入额 ×（1−20%）× 适用税率 − 速算扣除数

3.2.4.5 稿酬所得应纳税额的计算

1. 每次收入不足 4000 元的：

应纳税额 = 应纳税所得额 × 适用税率 ×（1−30%）
= （每次收入额 −800）× 20% ×（1−30%）

2. 每次收入在 4000 元以上的：

应纳税额 = 应纳税所得额 × 适用税率 ×（1−30%）
= 每次收入额 ×（1−20%）× 20% ×（1−30%）

3.2.4.6 特许权使用费所得应纳税额的计算

特许权使用费所得应纳税额的计算公式如下。

1. 每次收入不足4000元的：

应纳税额＝应纳税所得额 × 适用税率

＝（每次收入额 −800）×20%

2. 每次收入在4000元以上的：

应纳税额＝应纳税所得额 × 适用税率

＝每次收入额 ×（1−20%）×20%

3.2.4.7 利息、股息、红利所得应纳税额的计算

利息、股息、红利所得应纳税额的计算公式为：

应纳税额＝应纳税所得额 × 适用税率

＝每次收入额 ×20%

3.2.4.8 财产租赁所得应纳税额的计算

1. 财产租赁所得一般以个人每次取得的收入，定额或定率减除规定费用后的余额为应纳税所得额。每次收入不超过4000元，定额减除费用800元；每次收入在4000元以上，定率减除20%的费用。财产租赁所得以1个月内取得的收入为一次。

2. 个人将承租房屋转租取得的租金收入，属于个人所得税应税所得，应按“财产租赁所得”项目计算缴纳个人所得税。

取得转租收入的个人向房屋出租方支付的租金，凭房屋租赁合同和合法支付凭据允许在计算个人所得税时，从该项转租收入中扣除。

《国家税务总局关于个人所得税若干业务问题的批复》(国税函〔2002〕146号)有关财产租赁所得个人所得税前扣除税费的扣除次序调整为:

(1)财产租赁过程中缴纳的税费。

(2)向出租方支付的租金。

(3)由纳税人负担的租赁财产实际开支的修缮费用。

(4)税法规定的费用扣除标准。

3.2.4.9 财产转让所得应纳税额的计算

财产转让所得应纳税额的计算公式为:

应纳税额 = 应纳税所得额 × 适用税率

= (收入总额 − 财产原值 − 合理税费) × 20%

3.2.4.10 偶然所得和其他所得应纳税额的计算

应纳税额 = 应纳税所得额 × 适用税率

= 每次收入额 × 20%

3.2.4.11 全年一次性奖金应纳个人所得税的计算

全年一次性奖金是指行政机关、企事业单位等扣缴义务人根据其全年经济效益和对雇员全年工作业绩的综合考核情况,向雇员发放的一次性奖金。一次性奖金也包括年终加薪、实行年薪制和绩效工资办法的单位根据考核情况兑现的年薪和绩效工资。

纳税人取得全年一次性奖金,单独作为1个月工资、薪金所得计算纳税,自2005年1月1日起按以下计税办法,由扣缴义务人发放时代扣代缴:

1. 先将雇员当月内取得的全年一次性奖金,除以12个月,按其商数确定适用税率和速算扣除数。

如果在发放全年一次性奖金的当月,雇员工资薪金所得低于税法规定的费用扣除额，应将全年一次性奖金减除“雇员当月工资薪金所得与费用扣除额的差额”后的余额，按上述办法确定全年一次性奖金的适用税率和速算扣除数。

2. 将雇员个人当月内取得的全年一次性奖金，按上述第 1 条确定的适用税率和速算扣除数计算征税，计算公式如下：

（1）如果雇员当月工资薪金所得高于（或等于）税法规定的费用扣除额的，适用公式为：

应纳税额 = 雇员当月取得全年一次性奖金 × 适用税率 − 速算扣除数

（2）如果雇员当月工资薪金所得低于税法规定的费用扣除额的，适用公式为：

应纳税额 =（雇员当月取得全年一次性奖金 − 雇员当月工资薪金所得与费用扣除额的差额）× 适用税率 − 速算扣除数

例 3-7

中国公民李某 2017 年在我国境内 1—12 月每月的工资为 5800 元，12 月 31 日领取全年一次性奖金 60000 元。请计算李某 2017 年 12 月应缴纳的个人所得税。

李某 2017 年 12 月的工资收入 5800 元，大于工资薪金扣除标准 3500 元。工资、奖金应分别计算个人所得税：

（1）工资应缴纳个人所得税 =（5800 − 3500）× 10% − 105 = 125（元）

（2）年终奖金应缴纳个人所得税：

每月的奖金 = 60000 ÷ 12 = 5000（元），根据工资、薪金七级超额累进税率的规定，适用的税率和速算扣除数分别为 20% 和 555 元。

年终奖金应缴纳个人所得税 = 60000 × 20% − 555 = 11445（元）

（3）李某 2017 年 12 月共计应缴纳个人所得税 = 125 + 11445 = 11570（元）

3.2.5 征收管理

3.2.5.1 源泉扣缴

税法规定，个人所得税以取得应税所得的个人为纳税义务人，以支付所得的单位或者个人为扣缴义务人，包括企业（公司）、事业单位、财政部门、机关事务管理部门、人事管理部门、社会团体、军队、驻华机构（不包括外国驻华使领馆和联合国及其他依法享有外交特权和豁免权的国际组织驻华机构）、个体工商户等单位或个人。按照税法规定代扣代缴个人所得税，是扣缴义务人的法定义务，必须依法履行。

扣缴义务人在向个人支付下列所得时，应代扣代缴个人所得税：工资、薪金所得；对企事业单位的承包经营、承租经营所得；劳务报酬所得；稿酬所得；特许权使用费所得；利息、股息、红利所得；财产租赁所得；财产转让所得；偶然所得，以及经国务院财政部门确定征税的其他所得。

3.2.5.2 自行申报缴纳

1. 申报纳税的所得项目。

税法规定，凡有下列情形之一的，纳税人必须自行向税务机关申报所得并缴纳税款：

（1）年所得 12 万元以上的。

（2）在两处或两处以上取得工资、薪金所得的。

（3）从中国境外取得所得的。

（4）取得应纳税所得，没有扣缴义务人的，如个体工商户从事生产、经营的所得。

（5）国务院规定的其他情形。

2. 申报纳税地点。

申报纳税地点一般应为收入来源地的税务机关。但是，纳税人在两处或两处以上取得工资、薪金所得的，可选择并固定在一地税务机关申报纳税；从境外取得所得的，应向境内户籍所在地或经常居住地税务机关申报纳税。

对在中国境内几地工作或提供劳务的临时来华人员，应以税法所规定的申报纳税日期为准，在某一地区达到申报纳税的日期，即应在该地申报纳税。但为了方便纳税，也可准予个人提出申请，经批准后固定在一地申报纳税。对由在华企业或办事机构发放工资、薪金的外籍纳税人，由在华企业或办事机构集中向当地税务机关申报纳税。

纳税人要求变更申报纳税地点的，须经原主管税务机关备案。

3. 申报纳税期限。

除特殊情况外，纳税人应在取得应纳税所得的次月 15 日内向主管税务机关申报所得并缴纳税款。具体规定如下：

（1）工资、薪金所得的应纳税款，按月计征，由纳税人在次月 15 日内缴入国库，并向税务机关报送个人所得税纳税申报表。采掘业、远洋运输业、远洋捕捞业等特定行业的纳税人，其工资、薪金所得应纳的税款，考虑其工作的特殊性，可以实行按年计算，分月预缴的方式计征，自年度终了之日起 30 日内，合计全年工资、薪金所得，再按 12 个月平均并计算实际应纳的税款，多退少补。

（2）对于账册健全的个体工商户，其生产、经营所得应纳的税款实行按年计算、分月预缴，由纳税人在次月 15 日内申报预缴，年度终了后 3 个月汇算清缴，多退少补。对账册不健全的个体工商户，其生产、经营所得的应纳税款，由税务机关依据《税收征管法》自行确定征收方式。

（3）纳税人年终一次性取得承包经营、承租经营所得的，自取得收入之日起 30 日内申报纳税；在一年内分次取得承包经营、承租经营所得的，应在取得每次所得后的 15 日内预缴税款，年度终了后 3 个月内汇算清缴，多退少补。

（4）劳务报酬、稿酬、特许权使用费、利息、股息、红利、财产租赁、财产转让所得和偶然所得等，按次计征。取得所得的纳税人应当在次月 15 日内将应纳税款缴入国库，并向税务机关报送个人所得税纳税申报表。

（5）个人从中国境外取得所得的，其来源于中国境外的应纳税所得，在境外以纳税年度计算缴纳个人所得税的，应在所得来源国的纳税年度终了、结清税款后的30日内，向中国主管税务机关申报纳税；在取得境外所得时结清税款的，或者在境外按所得来源国税法规定免予缴纳个人所得税的，应当在次年1月1日起30日内，向中国主管税务机关申报纳税。

3.2.6 纳税申报

个人所得税纳税申报，包括代扣代缴税款的申报和纳税人自行申报两种情况。

3.2.6.1 代扣代缴税款申报

税法规定，个人所得税以所得人为纳税义务人，以支付所得的单位或者个人为扣缴义务人。扣缴义务人应当按照国家规定办理全员全额扣缴申报。

1. 扣缴申报的一般步骤。

（1）在扣缴申报时，有对个人支付款项情况的，包括现金支付、汇拨支付、转账支付和以有价证券、实物以及其他形式的支付，一定要查明其内容，看是否属于个人所得税的征税范围，如果属于，就需要界定属于哪一类所得。

（2）根据不同所得的计税规定和方法，准确计算应扣缴税款，完成扣缴义务。

（3）根据扣缴情况填制《个人所得税基础信息表（A表）》《扣缴个人所得税报告表》和其他资料，并在规定时限内办理申报和缴纳税款手续。

2. 扣缴的具体规定。

扣缴义务人每月所扣的税款，应当在次月15日内缴入国库，并向税务机关办理全员全额扣缴申报。

（1）扣缴义务人扣缴申报，可采用以下申报方式：

① 网上电子申报方式。扣缴义务人利用全员全额申报软件将纳税义务人的有关扣缴信息通过电子申报网络，向主管税务机关办理个人所得税扣缴申报。

② 上门自助申报方式。由税务机关征收管理部门提供装有全员全额申报软件的终端设备，扣缴义务人可通过磁盘导入或手工输入扣缴信息，实施个人所得税扣缴申报。

（2）扣缴义务人在进行初次扣缴申报前应记录以下个人基础信息：姓名、身份证照类型及号码、职务、户籍所在地、有效联系电话、有效通信地址等。个人及基础信息发生变化时，应及时变更。

（3）扣缴申报应在税法规定的期限内解缴代扣税款，同时向主管税务机关报送或上传《扣缴个人所得税报告表》和个人基础信息。但同时报送有困难的，应向主管税务机关说明原因，并最迟在扣缴税款的次月底前报送。扣缴申报时，不论支付的应税所得是否达到纳税标准，均按每个人逐栏逐项填写或录入《扣缴个人所得税报告表》。

3.2.6.2 纳税人自行申报

我国从 2006 年 1 月 1 日起，对部分纳税人规定了自行申报的义务。未在规定期限内进行申报，申报不实，或者不申报造成不缴或少缴税款的，都将承担相应的法律责任。

1. 自行申报的范围。

纳税义务人有下列情形之一的，应当按照规定到主管税务机关办理纳税申报：年所得 12 万元以上的（不包括非居民纳税人）；从中国境内两处或者两处以上取得工资、薪金所得的；从中国境外取得所得的（居民纳税人）；取得应纳税所得，没有扣缴义务人的；国务院规定的其他情形。

需要说明的是，年所得 12 万元以上需要自行申报的纳税人，在确定“年所得”额时，除了个体工商户的生产、经营所得和财产转让所得，按照应纳税所得额计算，即允许计算扣除相关支出外，其余各类所得，应按照收入总额来统计是否达到 12 万元标准，而不是扣除费用后的口径。对股票转让所得，以一个纳税年度内，个人股票转让所得与损失盈亏相抵后的正数为申报所得数额，盈亏相抵为负数的，按“零”填写。

2. 自行申报的期限。

（1）年所得 12 万元以上的纳税人，在纳税年度终了后 3 个月内向主管税务机关办理纳税申报。

（2）纳税人从中国境内两处或者两处以上取得工资、薪金所得的，应于取得所得的次月 15 日内办理纳税申报。

（3）个体工商户和个人独资、合伙企业投资者取得的生产、经营所得应纳的税款，分月预缴的，纳税人在每月终了后 15 日内办理纳税申报；分季预缴的，纳税人在每个季度终了后15日内办理纳税申报。纳税年度终了后，纳税人在 3 个月内进行汇算清缴。

（4）纳税人年终一次性取得对企事业单位的承包经营、承租经营所得的，自取得所得之日起 30 日内办理纳税申报；在 1 个纳税年度内分次取得承包经营、承租经营所得的，在每次取得所得后的次月 15 日内申报预缴，纳税年度终了后 3 个月内汇算清缴。

（5）从中国境外取得所得的纳税人，在纳税年度终了后 30 日内向中国境内主管税务机关办理纳税申报。

（6）纳税人取得其他各项所得须申报纳税的，在取得所得的次月 15 日内向主管税务机关办理纳税申报。

（7）纳税人不能按照规定的期限办理纳税申报，需要延期的，按照《税收征管法》及其实施细则的有关规定办理。

3. 自行申报的地点。

（1）年所得 12 万元以上的纳税人，纳税申报地点分别为：

① 在中国境内有任职、受雇单位的，向任职、受雇单位所在地主管税务机关申报。

② 在中国境内有两处或者两处以上任职、受雇单位的，选择并固定向其中一处单位所在地主管税务机关申报。

③ 在中国境内无任职、受雇单位，年所得项目中有个体工商户的生产、经营所得或者对企事业单位的承包经营、承租经营所得（以下统称生产、经营所得）的，向其中一处实际经营所在地主管税务机关申报。

④ 在中国境内无任职、受雇单位，年所得项目中无生产、经营所得的，向户籍所在地主管税务机关申报。在中国境内有户籍，但户籍所在地与中国境内经常居住地不一致的，选择并固定向其中一地主管税务机关申报。

在中国境内没有户籍的，向中国境内经常居住地主管税务机关申报。

（2）从两处或者两处以上取得工资、薪金所得的，选择并固定向其中一处单位所在地主管税务机关申报。

（3）从中国境外取得所得的，向中国境内户籍所在地主管税务机关申报。在中国境内有户籍，但户籍所在地与中国境内经常居住地不一致的，选择并固定向其中一地主管税务机关申报。在中国境内没有户籍的，向中国境内经常居住地主管税务机关申报。

（4）个体工商户向实际经营所在地主管税务机关申报。

（5）个人独资、合伙企业投资者兴办两个或两个以上企业的，区分不同情形确定纳税申报地点：

① 兴办的企业全部是个人独资性质的，分别向各企业的实际经营管理所在地主管税务机关申报。

② 兴办的企业中含有合伙性质的，向经常居住地主管税务机关申报。

③ 兴办的企业中含有合伙性质，个人投资者经常居住地与其兴办企业的经营管理所在地不一致的，选择并固定向其参与兴办的某一合伙企业的经营管理所在地主管税务机关申报。

除以上情形外，纳税人应当向取得所得所在地主管税务机关申报。纳税人不得随意变更纳税申报地点，因特殊情况变更纳税申报地点的，须报原主管税务机关备案。

4. 申报方式。

申报时，可以采取数据电文、邮寄等方式申报，也可以直接到主管税务机关申报，或者采取符合主管税务机关规定的其他方式申报。

5. 纳税申报表。

国家税务总局修订了原先的个人所得税纳税申报表，新的报表格式及填表说明自 2013 年 8 月 1 日起执行。修订后的个人所得税申报表的名称、适用范围和申报期限见表 3–5。其中个人所得税生产经营所得纳税申报表从 2015 年 7 月 1 日起再次更新。

表 3–5　　修订后个人所得税申报表使用简表

序号	申报表名称	适用范围	申报期限	申报类型
1	《个人所得税基础信息表（A表）》	适用于扣缴义务人办理全员全额扣缴申报的纳税人的基础信息填报	次月 15 日内	基础信息登记类
2	《个人所得税基础信息表（B表）》	适用于个人所得税自行纳税申报纳税人基础信息的填报	随自行申报表附送	
3	《扣缴个人所得税报告表》	适用于扣缴义务人办理全员全额扣缴个人所得税的申报。包括特定行业职工工资、薪金所得个人所得税的月份申报	次月 15 日内	扣缴申报类
4	《特定行业个人所得税年度申报表》	适用于特定行业职工工资、薪金所得个人所得税的年度申报	年度终了之日起 30 日内	
5	《限售股转让所得扣缴个人所得税报告表》	适用于证券机构预扣预缴，或者直接代扣代缴限售股转让所得个人所得税的申报	次月 15 日内	
6	《个人所得税自行纳税申报表（A表）》	适用于“从中国境内两处或两处以上取得工资、薪金所得的”“取得应纳税所得，没有扣缴义务人的”，以及“国务院规定的其他情形”的纳税人的纳税申报	次月 15 日内	自然人纳税人自行纳税申报类
7	《个人所得税自行纳税申报表（B表）》	适用于“从中国境外取得所得的”纳税人的纳税申报	年度终了之日起 3 个月内	
8	《个人所得税纳税申报表（适用于年所得 12 万元以上的纳税人申报）》	适用于年所得 12 万元以上的纳税人申报	年度终了之日起 30 日内	
9	《限售股转让所得个人所得税清算申报表》	适用于纳税人取得限售股转让所得已预扣预缴个人所得税款的清算申报	税款被代扣并解缴的次月 1 日起 3 个月内	

续表

序号	申报表名称	适用范围	申报期限	申报类型
10	《个人所得税生产经营所得纳税申报表（A表）》	适用于个体工商户、企事业单位的承包承租经营者、个人独资企业投资人和合伙企业合伙人在中国境内取得“个体工商户的生产、经营所得”或“对企事业单位的承包经营、承租经营所得”的个人所得税月度（季度）纳税申报。合伙企业有两个或两个以上自然合伙人的，应分别填报本表	实行查账征收的个体工商户、个人独资企业、合伙企业，纳税人应在次月（季）15日内办理预缴纳税申报；企事业单位承包承租经营者如果在1年内按月或者分次取得承包经营、承租经营所得的，纳税人应在每月或者每次取得所得后的15日内办理预缴纳税申报。实行核定征收。纳税人应在次月（季）15日内办理预缴纳税申报。不能按规定期限办理纳税申报的，应当按照《税收征管法》及其实施细则的规定办理延期申报	生产经营纳税人自行纳税申报类
11	《个人所得税生产经营所得纳税申报表（B表）》	适用于个体工商户、企事业单位的承包承租经营者、个人独资企业投资人和合伙企业合伙人在中国境内取得“个体工商户的生产、经营所得”或“对企事业单位的承包经营、承租经营所得”的个人所得税2015年及以后纳税年度的汇算清缴。合伙企业有两个或两个以上自然合伙人的，应分别填报本表	个体工商户、个人独资企业投资者、合伙企业合伙人应在年度终了3个月内办理个人所得税年度纳税申报。企事业单位承包承租经营者应当在年度终了后30日内办理个人所得税年度纳税申报；纳税人1年内分次取得承包、承租经营所得的应在年度终了3个月内办理汇算清缴	
12	《个人所得税生产经营所得纳税申报表（C表）》	适用于个体工商户、企事业单位的承包承租经营者、个人独资企业投资人和合伙企业合伙人在中国境内两处或两处以上取得“个体工商户的生产、经营所得”或“对企事业单位的承包经营、承租经营所得”的，同项所得合并计算纳税的个人所得税年度汇总纳税申报	年度终了3个月内。纳税人不能按规定期限办理纳税申报的，应当按照《税收征管法》及其实施细则的规定办理延期申报	

例 3-8

王先生在北京工作生活，2017 年 1 月 1 日起与某税务师事务所签订代理协议，委托对其 2017 年度全年所得进行个人所得税代理纳税申报。

1. 全年收入基本情况。

2017 年度王先生在两家设计公司任职并取得了多项收入如下：

（1）在北京市的甲、乙两家公司任职并领取工资，这两家公司分别位于海淀区和西城区。王先生每月从甲公司取得 12000 元，需要支付“五险一金”2400 元；从乙公司每月取得 4200 元。甲公司代扣税款 665 元，乙公司代扣 21 元。

王先生收到了甲公司发放的年终奖 60000 元，已由甲公司代扣代缴个人所得税 11445 元。

（2）按国务院规定发放的政府特殊津贴 100 元 / 月。

（3）王先生为市内某企业进行规划设计，取得劳务收入 70000 元，从中拿出 20000 元通过社会团体向灾区进行捐赠。支付单位根据王先生取得收入和捐赠情况扣缴税款 9760 元。

（4）王先生出版了一本设计类著作，取得收入 40000 元，出版社已代扣税款 4480 元；该著作被文化部评选为 ×× 大奖赛特等奖，奖金 20000 元；又在某市（地级市）评选中得奖，奖金 10000 元，已代扣税款 2000 元。

（5）位于海淀区的家中被盗，保险公司根据王先生所购买的财产险，赔偿 30000 元。

（6）王先生从 A 国取得特许权使用费 10000 元，并按 A 国税法规定缴纳了个人所得税 1500 元。

2. 各项所得应纳税款的计缴解析。

王先生全年的收入来源比较多，适用的应税项目包括“工资、薪金所得”“劳务报酬所得”“稿酬所得”“偶然所得”和“特许权使用费所得”等。

（1）工资、薪金所得。

甲、乙两公司虽然都代扣代缴了王先生的个人所得税，但是按照规定，从中国境内两处或两处以上取得工资、薪金所得的个人，应当将两处收入合并计税，并在取得收入的次月15日内自行到主管税务机关办理纳税申报。

① 应纳税款的计算：

应纳所得税额＝甲公司应发工资＋乙公司应发工资－“五险一金”－扣除费用

应纳税额＝应纳税所得额 × 适用税率 － 扣除费用

2017年1月到12月每月：

应纳税所得额＝12000＋4200－2400－3500＝10300（元）

应纳税额＝10300×25%－1005＝1570（元）

甲、乙公司已扣缴王先生个人所得税＝665＋21＝686（元）

因此，王先生应补税款＝1570－686＝884（元）。

全年共需补缴税款＝884×12＝10608（元）

② 全年一次性奖金的计算：

王先生在一个纳税年度中，只有一笔一次性的年终奖金，因此适用《国家税务总局关于调整个人取得全年一次性奖金计算征收个人所得税方法问题的通知》（国税发〔2005〕9号）。

确定适用税率和速算扣除数＝60000÷12＝5000（元）

因为工先生当月工资薪金所得高于税法规定的费用扣除额（3500元），对应的适用税率为20%，速算扣除数为555元。

应纳税额＝当月取得全年一次性奖金 × 适用税率 － 速算扣除数＝60000×20%－555＝11445（元）

因此，王先生不用补缴税款。

以上工资薪金所得，已由税务师事务所在日常按规定代为办理了纳税申报，并补缴了相应的税款。

（2）按国务院规定发放的政府特殊津贴。

根据《个人所得税法实施条例》第十三条的规定，这部分收入免征个人所得税。

（3）劳务报酬所得。

王先生提供的规划设计所得属于劳务报酬项目，通过社会团体进行捐赠的捐赠额未超过纳税义务人申报的应纳税所得额30%的部分，可以从其应纳税所得额中扣除。超过部分不得扣除。

应纳税所得额 = 70000 ×（1 − 20%）= 56000（元）

捐赠扣除标准 = 56000 × 30% = 16800（元）

实际捐赠额20000元大于扣除标准16800元，因此只能扣除16800元。

应纳税额 =（56000 − 16800）× 30% − 2000 = 9760（元）

支付单位已按规定进行扣缴，金额无误。

（4）稿酬所得。

出版专著所得，属于"稿酬所得"项目，由出版社支付收入时代扣代缴个人所得税。

应纳所得税额 = 40000 ×（1 − 20%）= 32000（元）

应纳税额 = 32000 × 20% ×（1 − 30%）= 4480（元）

应纳税额已由支付单位代扣代缴。

（5）偶然所得。

王先生参加××大奖赛取得的奖金，符合《个人所得税法》的免税规定，因此免征个人所得税。但是，某市发放的奖金，由于发放单位是地级市不符合免税规定，应按"偶然所得"项目缴纳个人所得税。

应纳税所得额为10000元。

应纳税额 = 10000 × 20% = 2000（元）

（6）保险赔款。

王先生取得的保险赔款，根据《个人所得税法》第四条第五项的规定，免征个人所得税。

（7）特许权转让所得。

特许权使用费所得按照我国税法计算的可抵扣限额为：

应纳税所得额 = 10000×（1−20%）=8000（元）

应纳税额 = 8000×20%=1600（元）

因此，王先生在A国已缴纳的个人所得税1500元可全额扣除。

应补缴税额 = 1600−1500=100（元）

王先生从境外取得了特许权转让所得，按照《个人所得税法》第九条的规定，从中国境外取得所得的纳税义务人，应当在年度终了后30日内，将应纳的税款缴入国库，并向税务机关报送纳税申报表。税务师已按规定代理王先生到主管税务机关办理了纳税申报。

3. 对全年所得的汇总和申报解析。

年所得在12万元以上的纳税人应进行纳税申报，但是判断年所得是否超过12万元的所得的具体口径有不同规定。

（1）年所得的计算。

① 工资、薪金所得，按照未减除法定费用及附加减除费用的收入额计算。同时，按照《个人所得税自行纳税申报办法（试行）》（以下简称《办法》）第七条第三项的规定，《个人所得税法实施条例》第二十五条规定的按照国家规定单位为个人缴付和个人缴付的，不包含在年所得之内，由于王先生缴付的“五险一金”均在税法规定的允许扣除的额度内，因此，在计算年所得时，这部分收入可全额剔除。

年工资、薪金所得 = 144000+60000+50400−28800=225600（元）

② 按照《办法》第七条第一项的规定，100元/月的政府特殊津贴，不包含在个人所得税的范围内。

③ 劳务报酬所得，按照未减除费用的收入额计算，金额为70000元。

④ 出版著作的稿酬所得，按照未减除费用的收入额计算，金额为40000元。

⑤ 获得大奖赛的20000元奖金，按照《办法》第七条第一项的规定，不包含在年所得范围内。但是，所获某地级市评比的奖金，按偶然所得计税。偶然所得，按照未减除费用的收入额计算，金额为10000元。

⑥ 保险赔款，按照《办法》第七条第一项的规定，不包含在年所

得范围内。

⑦ 特许权使用费所得，按照未减除费用的收入额计算，金额为10000 元。

合计上述所得，2017 年王先生的年所得 = 225600 + 70000 + 10000 + 40000 + 10000 = 355600（元）。

355600（元）> 120000（元），故王先生应进行自行纳税申报。

（2）代理填报的纳税申报表。

王先生委托税务师事务所代理年所得 12 万元以上的纳税申报。事务所应在 2018 年 1 月 1 日—3 月 31 日之间向主管税务机关报送《个人所得税纳税申报表（适用于年所得 12 万元以上的纳税人申报）》和身份证复印件，以及王先生与税务师事务所签订的委托代理协议书等资料。申报表有关项目的计算方法如下：

① 全年工资、薪金应纳税额的计算：

应纳税所得额 = 10300 × 12 + 60000 = 183600（元）

应纳税额 = 1570 × 12 + 11445 = 30285（元）

② 全年劳务报酬所得应纳税款的计算：

应纳税所得额 = 70000 ×（1 − 20%）− 16800 = 39200（元）

应纳税额 = 39200 × 30% − 2000 = 9760（元）

③ 出版著作稿酬所得应纳税款计算：

应纳税所得额 = 40000 ×（1 − 20%）= 32000（元）

应纳税额 = 32000 × 20% ×（1 − 30%）= 4480（元）

④ 出版专著所获某地级市奖金偶然所得应纳税款的计算：

应纳税所得额 = 10000（元）

应纳税额 = 10000 × 20% = 2000（元）

⑤ 特许权使用费应纳税款的计算：

应纳税所得额 = 10000 ×（1 − 20%）= 8000（元）

应纳税额 = 8000 × 20% = 1600（元）

可抵扣限额 = 1600（元）

应补税额 = 1600 − 1500 = 100（元）

4 财产和行为税类

4.1 城市维护建设税及教育附加

4.1.1 城市维护建设税

城市维护建设税是对从事经营活动，缴纳增值税和消费税（以下简称“两税”）的单位和个人征收的一种税。

4.1.1.1 纳税义务人

城市维护建设税的纳税义务人，是指负有缴纳“两税”义务的单位和个人。

4.1.1.2 税率

城市维护建设税按纳税人所在地的不同，设置了三档地区差别比例税率，即：

1. 纳税人所在地为市区的，税率为7%；

2. 纳税人所在地为县城、镇的，税率为5%；

3. 纳税人所在地不在市区、县城或者镇的，税率为1%；开采海洋石油资源的中外合作油（气）田所在地在海上，其城市维护建设税也适用1%的税率。

4.1.1.3 应纳税额的计算

城市维护建设税纳税人的应纳税额是由纳税人实际缴纳的“两税”税额决定的，其计算公式为：

应纳税额 = 纳税人实际缴纳的增值税、消费税税额 × 适用税率

例 4–1

某市区一家企业 2017 年 10 月实际缴纳增值税 300000 元，缴纳消费税 400000 元。请计算该企业应纳的城市维护建设税税额。

应纳城市维护建设税税额 =（300000 + 400000）× 7% = 49000（元）

4.1.1.4 征收管理

1. 纳税环节。

城市维护建设税的纳税环节，是指《城市维护建设税暂行条例》规定的纳税人应当缴纳城市维护建设税的环节，实际就是纳税人缴纳“两税”的环节。纳税人只要发生“两税”的纳税义务，就要在同样的环节，分别计算缴纳城市维护建设税。

2. 纳税地点。

城市维护建设税以纳税人实际缴纳的“两税”税额为计税依据，分别与“两税”同时缴纳。所以，纳税人缴纳“两税”的地点，就是该纳税人缴纳城市维护建设税的地点。但是，属于下列情况的，纳税地点为：

（1）代扣代缴、代收代缴“两税”的单位和个人，同时也是城市维护建设税的代扣代缴、代收代缴义务人，其城市维护建设税的纳税地点在代扣代收地。

（2）跨省开采的油田，下属生产单位与核算单位不在一个省内的，其生产的原油，在油井所在地缴纳增值税，其应纳税款由核算单位按照各油井的产量和规定税率，计算汇拨各油井缴纳。所以，各油井应纳的城市维护建设税，应由核算单位计算，随同增值税一并汇拨油井所在地，由油井在缴纳增值税的同时，一并缴纳城市维护建设税。

（3）纳税人跨地区提供建筑服务、销售和出租不动产的，应在建筑服

务发生地、不动产所在地预缴增值税时，以预缴增值税税额为计税依据，并按预缴增值税所在地的城市维护建设税适用税率和教育费附加征收率就地计算缴纳城市维护建设税和教育费附加。

预缴增值税的纳税人在其机构所在地申报缴纳增值税时，以其实际缴纳的增值税税额为计税依据，并按机构所在地的城市维护建设税适用税率和教育费附加征收率就地计算缴纳城市维护建设税和教育费附加。

（4）对流动经营等无固定纳税地点的单位和个人，应随同“两税”在经营地按适用税率缴纳。

3. 纳税期限。

城市维护建设税由纳税人在缴纳“两税”时同时缴纳，其纳税期限分别与“两税”的纳税期限一致。根据税法规定，“两税”的纳税期限分别为 1 日、3 日、5 日、10 日、15 日或者 1 个月。“两税”的纳税人的具体纳税期限，由主管税务机关根据纳税人应纳税额大小分别核定；不能按照固定期限纳税的，可以按次纳税。

4.1.2 教育费附加和地方教育附加

教育费附加和地方教育附加是对缴纳“两税”的单位和个人，按照其实际缴纳的“两税”税额为计算依据征收的一种附加费。

4.1.2.1 教育费附加和地方教育附加计征比率

教育费附加计征比率为 3%，地方教育附加征收率统一为 2%。

4.1.2.2 教育费附加和地方教育附加的计算

$$\text{应纳教育费附加或地方教育附加} = \text{实际缴纳的增值税、消费税税额} \times \text{征收比率（3\% 或 2\%）}$$

例 4-2

某市区一家企业 2017 年 11 月实际缴纳增值税 600000 元，缴纳消费税 400000 元。请计算该企业应缴纳的教育费附加和地方教育附加。

应纳教育费附加 =（600000+400000）×3%=30000（元）

应纳地方教育附加 =（600000+400000）×2%=20000（元）

4.2 资源税

资源税是对在中华人民共和国领域及管辖海域开采应税矿产品或者生产盐的单位和个人征收的一种税，属于对自然资源占用课税的范畴。

4.2.1 纳税义务人

资源税的纳税义务人是指在中华人民共和国领域及管辖海域开采应税的矿产品或者生产盐的单位和个人。

4.2.2 税目与税率

资源税采取从价定率和从量定额的办法征收，其税目和税率见表 4-1。

表 4-1 资源税税目税率幅度表

序号	税目		征税对象	税率幅度
1	金属矿	铁矿	精矿	1% ~ 6%
2		金矿	金锭	1% ~ 4%
3		铜矿	精矿	2% ~ 8%
4		铝土矿	原矿	3% ~ 9%
5		铅锌矿	精矿	2% ~ 6%
6		镍矿	精矿	2% ~ 6%
7		锡矿	精矿	2% ~ 6%
8		未列举名称的其他金属矿产品	原矿或精矿	税率不超过 20%

续表

序号	税目		征税对象	税率幅度
9	非金属矿	石墨	精矿	3% ~ 10%
10		硅藻土	精矿	1% ~ 6%
11		高岭土	原矿	1% ~ 6%
12		萤石	精矿	1% ~ 6%
13		石灰石	原矿	1% ~ 6%
14		硫铁矿	精矿	1% ~ 6%
15		磷矿	原矿	3% ~ 8%
16		氯化钾	精矿	3% ~ 8%
17		硫酸钾	精矿	6% ~ 12%
18		井矿盐	氯化钠初级产品	1% ~ 6%
19		湖盐	氯化钠初级产品	1% ~ 6%
20		提取地下卤水晒制的盐	氯化钠初级产品	3% ~ 15%
21		煤层（成）气	原矿	1% ~ 2%
22		粘土、砂石	原矿	每吨或立方米 0.1 ~ 5 元
23		未列举名称的其他非金属矿产品	原矿或精矿	从量税率每吨或立方米不超过 30 元；从价税率不超过 20%
24	海盐		氯化钠初级产品	1% ~ 5%
25	原油			6% ~ 10%
26	天然气			6% ~ 10%
27	煤炭			2% ~ 10%

4.2.3 计税依据

4.2.3.1 从价定率征收的计税依据

实行从价定率征收的计税依据为销售额，是指纳税人销售应税资源产品向购买方收取的全部价款和价外费用，但不包括增值税销项税额。

价外费用，包括价外向购买方收取的手续费、补贴、基金、集资费、返还利润、奖励费、违约金、滞纳金、延期付款利息、赔偿金、代收款项、代垫款项、包装费、包装物租金、储备费、优质费、运输装卸费以及其他各种性质的价外收费。但下列项目不包括在内：

1. 受托加工应征消费税的消费品所代收代缴的消费税。

2. 同时符合以下条件的代垫运输费用：

（1）承运部门的运输费用发票开具给购买方的；

（2）纳税人将该项发票转交给购买方的。

4.2.3.2 从量定额征收的计税依据

1. 纳税人开采或者生产应税产品销售的，以销售数量为课税数量。

2. 纳税人开采或者生产应税产品自用的，以自用（非生产用）数量为课税数量。

4.2.4 应纳税额的计算

根据应税产品的课税数量和规定的单位税额和比例税率可以计算应纳税额，具体计算公式为：

应纳税额 = 销售额 × 适用税率

= 课税数量 × 单位税额

例 4-3

某油田 2017 年 9 月销售原油 50000 吨，开具增值税专用发票取得销售额 25000 万元、增值税额 4250 万元，按《资源税税目税率幅度表》的规定，其适用的税率为 8%。请计算该油田 9 月应缴纳的资源税。

应缴纳资源税 = 25000 × 8% = 2000（万元）

例 4-4

某铜矿山 12 月销售铜矿石原矿 40000 吨，取得不含增值税的销售额 1600000 元，该矿山铜矿属于 5 等，按规定适用税率为 6%。请计算该矿山 12 月应缴纳资源税税额。

应缴纳资源税 = 1600000 × 6% = 96000（元）

4.2.5 征收管理

4.2.5.1 纳税义务发生时间

1. 纳税人销售应税产品，其纳税义务发生时间为：

（1）纳税人采取分期收款结算方式的，其纳税义务发生时间，为销售合同规定的收款日期的当天。

（2）纳税人采取预收货款结算方式的，其纳税义务发生时间，为发出应税产品的当天。

（3）纳税人采取其他结算方式的，其纳税义务发生时间，为收讫销售款或者取得索取销售款凭据的当天。

2. 纳税人自产自用应税产品的纳税义务发生时间，为移送使用应税产品的当天。

3. 扣缴义务人代扣代缴税款的纳税义务发生时间，为支付首笔货款或首次开具支付货款凭据的当天。

4.2.5.2 纳税期限

1. 纳税期限是纳税人发生纳税义务后缴纳税款的期限。资源税的纳税期限为 1 日、3 日、5 日、10 日、15 日或者 1 个月，纳税人的纳税期限由主管税务机关根据实际情况具体核定。不能按固定期限计算纳税的，可以按次计算纳税。

2. 纳税人以 1 个月为一期纳税的，自期满之日起 10 日内申报纳税；以

1 日、3 日、5 日、10 日或者 15 日为一期纳税的，自期满之日起 5 日内预缴税款，于次月 1 日起 10 日内申报纳税并结清上月税款。

4.2.5.3 纳税环节和纳税地点

1. 资源税在应税产品的销售或自用环节计算缴纳。以自采原矿加工精矿产品的，在原矿移送使用时不缴纳资源税，在精矿销售或自用时缴纳资源税。

2. 纳税人以自采原矿加工金锭的，在金锭销售或自用时缴纳资源税。纳税人销售自采原矿或者自采原矿加工的金精矿、粗金，在原矿或者金精矿、粗金销售时缴纳资源税，在移送使用时不缴纳资源税。

3. 以应税产品投资、分配、抵债、赠与、以物易物等，视同销售，依照有关规定计算缴纳资源税。

4. 纳税人应当向矿产品的开采地或盐的生产地缴纳资源税。纳税人在本省、自治区、直辖市范围开采或者生产应税产品，其纳税地点需要调整的，由省级地方税务机关决定。

5. 如果纳税人应纳的资源税属于跨省开采，其下属生产单位与核算单位不在同一省、自治区、直辖市的，对其开采或者生产的应税产品，一律在开采地或者生产地纳税。实行从量计征的应税产品，其应纳税款一律由独立核算的单位按照每个开采地或者生产地的销售量及适用税率计算划拨；实行从价计征的应税产品，其应纳税款一律由独立核算的单位按照每个开采地或者生产地的销售量、单位销售价格及适用税率计算划拨。

6. 扣缴义务人代扣代缴的资源税，应当向收购地主管税务机关缴纳。

7. 纳税人用已纳资源税的应税产品进一步加工应税产品销售的，不再缴纳资源税。纳税人以未税产品和已税产品混合销售或者混合加工为应税产品销售的，应当准确核算已税产品的购进金额，在计算加工后的应税产品销售额时，准予扣减已税产品的购进金额；未分别核算的，一并计算缴纳资源税。

4.2.6 纳税申报

资源税具有特定的征税范围，根据资源地区级差或等级收入设置幅度税额和明细税额，自 2016 年 7 月 1 日实行从价定率改革后，适用新的《资源税纳税申报表》《资源税纳税申报表附表（一）》（原矿类税目适用）、《资源税纳税申报表附表（二）》（精矿类税目适用）和《资源税纳税申报表附表（三）》（减免税明细）。资源税的纳税申报，需了解企业应税资源品目和特点，正确划分征免范围，确定适用的税目税率。

4.2.7 水资源税

自 2017 年 12 月 1 日起，在北京、天津、山西、内蒙古、山东、河南、四川、陕西、宁夏等 9 个省（自治区、直辖市）扩大水资源税改革试点。

4.2.7.1 纳税义务人

直接取用地表水、地下水的单位和个人，为水资源税纳税人。

4.2.7.2 征税对象

水资源税的征税对象为地表水和地下水。地表水是陆地表面上动态水和静态水的总称，包括江、河、湖泊（含水库）等水资源；地下水是埋藏在地表以下各种形式的水资源。但下列情形，不缴纳水资源税：

1. 农村集体经济组织及其成员从本集体经济组织的水塘、水库中取用水的；

2. 家庭生活和零星散养、圈养畜禽饮用等少量取用水的；

3. 水利工程管理单位为配置或者调度水资源取水的；

4. 为保障矿井等地下工程施工安全和生产安全必须进行临时应急取用（排）水的；

5. 为消除对公共安全或者公共利益的危害临时应急取水的；

6. 为农业抗旱和维护生态与环境必须临时应急取水的。

4.2.7.3 应纳税额

适用税额，是指取水口所在地的适用税额。除中央直属和跨省（区、市）水力发电取用水外，由试点省份省级人民政府统筹考虑本地区水资源状况、经济社会发展水平和水资源节约保护要求，在《试点省份水资源税最低平均税额表》（见表 4–2）规定的最低平均税额基础上，分类确定具体适用税额。

表 4–2　试点省份水资源税最低平均税额表　单位：元 / 立方米

省（区、市）	地表水最低平均税额	地下水最低平均税额
北京	1.6	4
天津	0.8	4
山西	0.5	2
内蒙古	0.5	2
山东	0.4	1.5
河南	0.4	1.5
四川	0.1	0.2
陕西	0.3	0.7
宁夏	0.3	0.7

4.2.7.4 应纳税额的计算

水资源税实行从量计征，计算公式为：

$$应纳税额 = 实际取用水量 \times 适用税额$$

4.3 土地增值税

土地增值税是对有偿转让国有土地使用权及地上建筑物和其他附着物产权，取得增值收入的单位和个人征收的一种税。

4.3.1 纳税义务人

土地增值税的纳税义务人为转让国有土地使用权、地上的建筑及其附着物（以下简称转让房地产）并取得收入的单位和个人。

4.3.2 征税范围

1. 转让国有土地使用权。

2. 地上的建筑物及其附着物连同国有土地使用权一并转让。

3. 若干具体情况的判定：

（1）以继承、赠与方式转让房地产不属于土地增值税的征税范围。

（2）房地产的出租不属于土地增值税的征税范围。

（3）房地产的抵押。在抵押期间不征收土地增值税；待抵押期满后，以房地产抵债而发生房地产权属转让的，应列入土地增值税的征税范围。

（4）房地产的交换属于土地增值税的征税范围。但对个人之间互换自有居住用房地产的，经当地税务机关核实，可以免征土地增值税。

（5）以房地产进行投资、联营。非房地产公司以房地产进行投资、联营的，投资、联营的一方以土地（房地产）作价入股进行投资或作为联营条件，将房地产转让到所投资、联营的企业（非房地产公司）中时，暂免征收土地增值税。对投资、联营企业将上述房地产再转让的，应征收土地增值税。

（6）合作建房。对于一方出地，一方出资金，双方合作建房，建成后按比例分房自用的，暂免征收土地增值税；建成后转让的，应征收土地增值税。

（7）企业兼并转让房地产。对被兼并企业将房地产转让到兼并企业中的，暂免征收土地增值税。

（8）房地产的代建房行为不属于土地增值税的征税范围。

（9）房地产的重新评估增值，不属于土地增值税的征税范围。

4.3.3 税率

土地增值税实行四级超率累进税率，见表4–3。

表4–3 土地增值税四级超率累进税率表

级数	增值额与扣除项目金额的比例	税率（%）	速算扣除系数（%）
1	不超过50%的部分	30	0
2	超过50%至100%的部分	40	5
3	超过100%至200%的部分	50	15
4	超过200%的部分	60	35

4.3.4 应税收入与扣除项目

4.3.4.1 应税收入的确定

根据《土地增值税暂行条例》及其实施细则的规定，纳税人转让房地产取得的应税收入，应包括转让房地产的全部价款及有关的经济收益。从收入的形式来看，包括货币收入、实物收入和其他收入。

4.3.4.2 扣除项目的确定

1. 取得土地使用权所支付的金额。

（1）纳税人为取得土地使用权所支付的地价款。如果是以协议、招标、拍卖等出让方式取得土地使用权的，地价款为纳税人所支付的土地出让金；如果是以行政划拨方式取得土地使用权的，地价款为按照国家有关规定补交的土地出让金；如果是以转让方式取得土地使用权的，地价款为向原土地使用权人实际支付的地价款。

（2）纳税人在取得土地使用权时按国家统一规定缴纳的有关费用。它是指纳税人在取得土地使用权过程中为办理有关手续，按国家统一规定缴纳的有关登记、过户手续费。

2. 房地产开发成本。

房地产开发成本，是指纳税人房地产开发项目实际发生的成本，包括土地的征用及拆迁补偿费、前期工程费、建筑安装工程费、基础设施费、公共配套设施费、开发间接费用等。

3. 房地产开发费用。

房地产开发费用，是指与房地产开发项目有关的销售费用、管理费用和财务费用。根据土地增值税相关规定，扣除的开发费用不按纳税人房地产开发项目实际发生的费用进行扣除，而按《土地增值税暂行条例实施细则》规定的标准进行扣除。

（1）财务费用中的利息支出，凡能够按转让房地产项目计算分摊并提供金融机构证明的，允许据实扣除，但最高不能超过按商业银行同类同期贷款利率计算的金额。其计算公式为：

$$\text{允许扣除的房地产开发费用}=\text{利息}+\left(\text{取得土地使用权所支付的金额}+\text{房地产开发成本}\right)\times 5\%\text{以内}$$

（2）纳税人不能按转让房地产项目计算分摊利息支出或不能提供金融机构贷款证明的，其计算公式为：

$$\text{允许扣除的房地产开发费用}=\left(\text{取得土地使用权所支付的金额}+\text{房地产开发成本}\right)\times 10\%\text{以内}$$

（3）全部使用自有资金，没有利息支出的，按照以上方法扣除。上述具体适用的比例按省级人民政府此前规定的比例执行。

（4）土地增值税清算时，已经计入房地产开发成本的利息支出，应调整至财务费用中计算扣除。

4. 与转让房地产有关的税金。

与转让房地产有关的税金，是指在转让房地产时缴纳的城市维护建设税、印花税。因转让房地产缴纳的教育费附加和地方教育附加可视同税金予以扣除。

5. 其他扣除项目。

对从事房地产开发的纳税人可按《土地增值税暂行条例实施细则》规定计算的金额之和，加计20%的扣除。此条优惠只适用于从事房地产开发的纳税人，除此之外的其他纳税人不适用。

6. 旧房及建筑物的评估价格。

旧房及建筑物的评估价格，是指在转让已使用的房屋及建筑物时，由政府批准设立的房地产评估机构评定的重置成本价乘以成新度折扣率后的价格。评估价格须经当地税务机关确认。

4.3.5 应纳税额的计算

土地增值税按照纳税人转让房地产所取得的增值额和规定的税率计算征收。其计算公式为：

应纳税额 = 增值额 × 适用税率 − 扣除项目金额 × 速算扣除系数

例 4-5

2017年10月，某房地产开发公司转让写字楼一栋，共取得含税收入5250万元。已知该公司为取得土地使用权而支付的地价款和相关税费为500万元；房地产开发成本为1500万元；房地产开发费用中的利息支出为120万元（能够按转让房地产项目计算分摊并提供金融机构证明），该公司所在地政府规定的其他房地产开发费用的扣除比例为5%。请计算该公司转让该写字楼应缴纳的土地增值税税额。（注：该写字楼为老项目，适用增值税征收率为5%，城市维护建设税率为7%，教育费附加征收率为3%，地方教育附加为2%）

该公司转让该写字楼应缴纳的土地增值税计算如下：

（1）确定转让该写字楼的不含增值税收入为5000万元［5250÷（1+5%）］；

（2）取得土地使用权所支付的金额为500万元；

（3）房地产开发成本为1500万元；

（4）开发费用＝120＋（500＋1500）×5%＝220（万元）

（5）准许扣除的相关税费＝5000×5%×（7%＋3%＋2%）＝30（万元）

（6）加计扣除金额＝（500＋1500）×20%＝400（万元）

（7）转让房地产的增值额＝5000－（500＋1500＋220＋30＋400）＝2350（万元）

（8）增值额与扣除项目金额的比率＝2350÷2650×100%＝88.68%

（9）应纳的土地增值税税额＝2350×40%－2650×5%＝807.5（万元）

4.3.6 征收管理

4.3.6.1 纳税地点

土地增值税的纳税人应向房地产所在地主管税务机关办理纳税申报，并在税务机关核定的期限内缴纳土地增值税。房地产所在地，是指房地产的坐落地。纳税人转让的房地产坐落在两个或两个以上地区的，应按房地产所在地分别申报纳税。

1. 纳税人是法人的。

当转让的房地产坐落地与其机构所在地或经营所在地一致时，则在办理税务登记的原管辖税务机关申报纳税即可；如果转让的房地产坐落地与其机构所在地或经营所在地不一致时，则应在房地产坐落地所管辖的税务机关申报纳税。

2. 纳税人是自然人的。

当转让的房地产坐落地与其居住所在地一致时，则在住所所在地税务机关申报纳税；当转让的房地产坐落地与其居住所在地不一致时，则在办理过户手续所在地的税务机关申报纳税。

4.3.6.2 纳税期限

土地增值税的纳税人应在转让房地产合同签订后的 7 日内，到房地产所在地主管税务机关办理纳税申报，并向税务机关提交房屋及建筑物产权、土地使用权证书，土地转让、房产买卖合同，房地产评估报告及其他与转让房地产有关的资料。

纳税人因经常发生房地产转让而难以在每次转让后申报的，经税务机关审核同意后，可以定期进行纳税申报，具体期限由税务机关根据相关规定确定。

纳税人因经常发生房地产转让而难以在每次转让后申报，是指房地产开发企业开发建造的房地产、因分次转让而频繁发生纳税义务、难以在每次转让后申报纳税的情况，土地增值税可按月或按各省、自治区、直辖市和计划单列市税务局规定的期限申报缴纳。纳税人选择定期申报方式的，应向纳税所在地的地方税务机关备案。定期申报方式确定后，1 年之内不得变更。

此外，根据《土地增值税暂行条例实施细则》第十六条规定，对于纳税人预售房地产所取得的收入，凡当地税务机关规定预征土地增值税的，纳税人应当到主管税务机关办理纳税申报，并按规定比例预缴，待办理决算后，多退少补；凡当地税务机关规定不预征土地增值税的，也应在取得收入时先到税务机关登记或备案。

4.3.7 纳税申报

4.3.7.1 申报

对于土地增值税纳税申报，房地产开发企业和非房地产开发企业适用不同的纳税申报表和填报方法。

从事房地产开发的纳税人需要填报《土地增值税项目登记表》，预征需要填报《土地增值税纳税申报表（一）》；非从事房地产开发的纳税人需要填报《土地增值税纳税申报表（三）》《土地增值税纳税申报表（七）》、房屋及建筑物产权、土地使用权证书、土地转让、房产买卖合同、房地产评估报告及其他与转让房地产有关的资料。享受土地增值税优惠的纳税人提供减免土地增值税证明材料。

4.3.7.2 清算与鉴证

房地产开发企业在办理土地增值税清算申报手续时，应向主管税务机关提交有关清算项目资料，并填写《土地增值税清算材料清单》。须提交的有关资料中包括《土地增值税清算鉴证报告》，同时需要报送《土地增值税项目登记表》和《土地增值税纳税申报表（二）》。清理尾盘时需要报送《土地增值税纳税申报表（四）》和《清算后尾盘销售土地增值税扣除项目明细表》；如果房地产开发企业以核定征收方式进行清算，则需要报送《土地增值税纳税申报表（五）》。

4.4 房产税

房产税是以房屋为征税对象，按照房屋的计税余值或租金收入，向产权所有人征收的一种财产税。

4.4.1 纳税义务人

房产税以在征税范围内的房屋产权所有人为纳税人。其中：

1. 产权属国家所有的，由经营管理单位纳税；产权属集体和个人所有的，由集体单位和个人纳税。

2. 产权出典的，由承典人依照房产余值缴纳房产税。

3. 产权所有人、承典人不在房屋所在地的，由房产代管人或者使用人纳税。

4. 产权未确定及租典纠纷未解决的，由房产代管人或者使用人纳税。

5. 无租使用其他单位房产的问题。无租使用其他单位房产的应税单位和个人，依照房产余值代缴纳房产税。

4.4.2 征税对象

房产税的征税对象是房产。房产，是指有屋面和围护结构（有墙或两边有柱），能够遮风避雨，可供人们在其中生产、学习、工作、娱乐、居住或贮藏物资的场所。

房地产开发企业建造的商品房，在出售前，不征收房产税；但对出售前房地产开发企业已使用或出租、出借的商品房应按规定征收房产税。

4.4.3 征税范围

房产税的征税范围为：位于城市、县城、建制镇和工矿区内的房产。

1. 城市是指国务院批准设立的市。

2. 县城是指县人民政府所在地的地区。

3. 建制镇是指经省、自治区、直辖市人民政府批准设立的建制镇。

4. 工矿区是指工商业比较发达、人口比较集中、符合国务院规定的建制镇标准但尚未设立建制镇的大中型工矿企业所在地。

4.4.4 计税依据与税率

4.4.4.1 计税依据

房产税的计税依据是房产的计税价值或房产的租金收入。按照房产计税价值征税的，称为从价计征；按照房产租金收入计征的，称为从租计征。

1. 从价计征。

房产税依照房产原值（一般为国定资产的入账价值）一次减除10% ~ 30% 后的余值计算缴纳。各地扣除比例由当地省、自治区、直辖市人民政府确定。

2. 从租计征。

房产出租的，以房产租金收入为房产税的计税依据。

3. 地下建筑物征收。

凡在房产税征收范围内的具备房屋功能的地下建筑，包括与地上房屋相连的地下建筑以及完全建在地面以下的建筑、地下人防设施等，均应当依照有关规定征收房产税。

（1）自用的地下建筑，按以下方式计税：

① 工业用途房产，以房屋原价的 50% ~ 60% 作为应税房产原值。

应纳房产税的税额 = 应税房产原值 ×［1-（10% ~ 30%）］×1.2%

② 商业和其他用途房产，以房屋原价的 70% ~ 80% 作为应税房产原值。

应纳房产税的税额 = 应税房产原值 ×［1-（10% ~ 30%）］×1.2%

③ 对于与地上房屋相连的地下建筑，如房屋的地下室、地下停车场、商场的地下部分等，应将地下部分与地上房屋视为一个整体按照地上房屋建筑的有关规定计算征收房产税。

（2）出租的地下建筑，按照出租地上房屋建筑的有关规定计算征收房产税。

4.4.4.2 税率

1. 按房产原值一次减除 10% ~ 30% 后的余值计征的，税率为 1.2%。

2. 按房产出租的租金收入计征的，税率为 12%。

3. 对个人出租住房，不区分实际用途，均按 4% 的税率征收房产税。

4. 对企事业单位、社会团体以及其他组织按市场价格向个人出租用于居住的住房，减按 4% 的税率征收房产税。

4.4.5 应纳税额的计算

4.4.5.1 从价计征的计算

应纳税额 = 应税房产原值 ×（1− 扣除比例）×1.2%

例 4–6

某企业的经营用房原值为 8000 万元，按照当地规定允许减除 30% 后余值计税，适用税率为 1.2%。请计算其应纳房产税税额。

应纳税额 = 8000×（1−30%）×1.2%=67.2（万元）

4.4.5.2 从租计征的计算

应纳税额 = 租金收入 ×12%（或 4%）

例 4–7

某公司出租房屋 3 间，年租金收入为 60000 元，适用税率为 12%。请计算其应纳房产税税额。

应纳税额 = 60000×12%=7200（元）

4.4.6 征收管理

4.4.6.1 纳税义务发生时间

1. 纳税人将原有房产用于生产经营，从生产经营之月起缴纳房产税。

2. 纳税人自行新建房屋用于生产经营，从建成之次月起缴纳房产税。

3. 纳税人委托施工企业建设的房屋，从办理验收手续之次月起缴纳房产税。

4. 纳税人购置新建商品房，自房屋交付使用之次月起缴纳房产税。

5. 纳税人购置存量房，自办理房屋权属转移、变更登记手续，房地产权属登记机关签发房屋权属证书之次月起，缴纳房产税。

6. 纳税人出租、出借房产，自交付出租、出借房产之次月起，缴纳房产税。

7. 房地产开发企业自用、出租、出借本企业建造的商品房，自房屋使用或交付之次月起，缴纳房产税。

8. 纳税人因房产的实物或权利状态发生变化而依法终止房产税纳税义务的，其应纳税款的计算应截止到房产的实物或权利状态发生变化的当月末。

4.4.6.2 纳税期限

房产税实行按年计算、分期缴纳的征收方法，具体纳税期限由省、自治区、直辖市人民政府确定。

4.4.6.3 纳税地点

房产税在房产所在地缴纳。房产不在同一地方的纳税人，应按房产的坐落地点分别向房产所在地的税务机关纳税。

4.4.7 纳税申报

房产税征税对象单一，但有关纳税义务人的确认、计税依据的计算、减税免税的规定却较为复杂。为能准确把握应纳税额的计算，维护委托方应享有的税收权益，申报应按下述规范要领操作：

1. 核查应税房屋及与房屋不可分割的各种附属设施，或一般不单独计算价值的配套设施，确认产权所属关系，以此判定纳税义务人。

2. 核查应税房产投入使用或竣工、验收的时间，确认纳税义务发生的时间。

3. 核查“固定资产”“预提费用”“待摊费用”“在建工程”“其他

业务收入”等核算账户，确认应税房产的净值或租金收入，确定房产税的计税依据。

4. 核查在征税范围内按现行政策应予以减税免税的房产。例如，危房险房、停止使用、企业停产闲置不用的房产，因大修理停用在半年以上的房产等，报请税务机关核查同意可暂免征收房产税。

一般而言，在首次申报缴纳房产税时，需要填报《税源明细申报表》，之后每次申报需要填写《房产税纳税申报表》和《房产税减免税明细申报表》。

4.5 契税

契税是以在中华人民共和国境内转移土地、房屋权属为征税对象，向产权承受人征收的一种财产税。

4.5.1 纳税义务人

契税的纳税义务人是在中华人民共和国境内承受土地、房屋权属的单位和个人。

4.5.2 征税对象

4.5.2.1 国有土地使用权出让

国有土地使用权出让，受让者应向国家缴纳出让金，以出让金为依据计算缴纳契税。不得因减免土地出让金而减免契税。

4.5.2.2 土地使用权的转让

土地使用权的转让，是指土地使用者以出售、赠与、交换或者其他方式将土地使用权转移给其他单位和个人的行为。土地使用权的转让不包括农村集体土地承包经营权的转移。

4.5.2.3 房屋买卖

房屋买卖，即以货币为媒介，出卖者向购买者过渡房产所有权的交易行为。以下几种特殊情况，视同买卖房屋：

1. 以房产抵债或实物交换房屋。

经当地政府和有关部门批准，以房抵债和实物交换房屋，均视同房屋买卖，应由产权承受人，按房屋现值缴纳契税。

2. 以房产作投资、入股。

这种交易业务属房屋产权转移，应根据国家房地产管理的有关规定，办理房屋产权交易和产权变更登记手续，视同房屋买卖，由产权承受方按契税税率计算缴纳契税。

3. 买房拆料或翻建新房，应照章征收契税。

如甲某购买乙某房产，不论其目的是取得该房产的建筑材料或是翻建新房，实际构成房屋买卖。甲某应首先办理房屋产权变更手续，并按买价缴纳契税。

4.5.2.4 房屋赠与

房屋赠与，是指房屋产权所有人将房屋无偿转让给他人。其中，将自己的房屋转交给他人的法人和自然人，称作房屋赠与人；接受他人房屋的法人和自然人，称为受赠人。房屋赠与的前提必须是产权无纠纷，赠与人和受赠人双方自愿。

由于房屋是不动产，价值较大，故法律要求赠与房屋应有书面合同（契约），并到房地产管理机关或农村基层政权机关办理登记过户手续，才能生效。如果房屋赠与行为涉及涉外关系，还需公证处证明和外事部门认证，才能有效。房屋的受赠人要按规定缴纳契税。

4.5.2.5 房屋交换

房屋交换，是指房屋所有者之间互相交换房屋的行为。

随着经济形势的发展，有些特殊方式转移土地、房屋权属的，也将视同土地使用权转让、房屋买卖或者房屋赠与。

4.5.3 税率

契税实行 3% ~ 5% 的幅度税率。实行幅度税率是考虑到我国经济发展的不平衡，各地经济差别较大的实际情况。因此，各省、自治区、直辖市人民政府可以在 3% ~ 5% 的幅度税率规定范围内，按照本地区的实际情况决定。

4.5.4 应纳税额的计算

4.5.4.1 计税依据

1. 国有土地使用权出让、土地使用权出售、房屋买卖，以成交价格为计税依据。

2. 土地使用权赠与、房屋赠与，由征收机关参照土地使用权出售、房屋买卖的市场价格核定。

3. 土地使用权交换、房屋交换，为所交换的土地使用权、房屋的价格差额。

4. 以划拨方式取得土地使用权，经批准转让房地产时，由房地产转让者补交契税。计税依据为补交的土地使用权出让费用或者土地收益。

4.5.4.2 应纳税额的计算

契税采用比例税率。当计税依据确定以后，应纳税额的计算比较简单。应纳税额的计算公式为：

应纳税额 = 计税依据 × 税率

例 4-8

居民甲有两套住房，将一套出售给居民乙，成交价格为 2500000 元；将另一套两室住房与居民丙交换成两处一室住房，并支付给丙换房差价款 800000 元。请计算甲、乙、丙相关行为应缴纳的契税（假定税率为 4%）。

（1）甲应缴纳契税 = 800000 × 4% = 32000（元）

（2）乙应缴纳契税 = 2500000 × 4% = 100000（元）

（3）丙不缴纳契税。

4.5.5 征收管理

4.5.5.1 纳税义务发生时间

契税的纳税义务发生时间是纳税人签订土地、房屋权属转移合同的当天，或者纳税人取得其他具有土地、房屋权属转移合同性质凭证的当天。

4.5.5.2 纳税期限

纳税人应当自纳税义务发生之日起 10 日内，向土地、房屋所在地的契税征收机关办理纳税申报，并在契税征收机关核定的期限内缴纳税款。

4.5.5.3 纳税地点

契税在土地、房屋所在地的征收机关缴纳。

4.5.6 纳税申报

1. 根据人民法院、仲裁委员会的生效法律文书发生土地、房屋权属转移，纳税人不能取得销售不动产发票的，可持人民法院执行裁定书原件及相关材料办理契税纳税申报，税务机关应予受理。

2. 购买新建商品房的纳税人在办理契税纳税申报时，由于销售新建商品房的房地产开发企业已办理注销税务登记或者被税务机关列为非正常户等原因，致使纳税人不能取得销售不动产发票的，税务机关在核实有关情况后应予受理。

4.6 城镇土地使用税

城镇土地使用税是以城镇土地为征税对象，对拥有土地使用权的单位和个人征收的一种税。

4.6.1 纳税义务人

1. 拥有土地使用权的单位和个人。

2. 拥有土地使用权的单位和个人不在土地所在地的，其土地的实际使用人和代管人为纳税人。

3. 土地使用权未确定或权属纠纷未解决的，其实际使用人为纳税人。

4. 土地使用权共有的，共有各方都是纳税人，由共有各方分别纳税。

4.6.2 征税范围

城镇土地使用税的征税范围，包括在城市、县城、建制镇和工矿区内的国家所有和集体所有的土地。上述城市、县城、建制镇和工矿区分别按以下标准确认：

1. 城市是指经国务院批准设立的市。

2. 县城是指县人民政府所在地。

3. 建制镇是指经省、自治区、直辖市人民政府批准设立的建制镇。

4. 工矿区是指工商业比较发达，人口比较集中，符合国务院规定的建制镇标准，但尚未设立建制镇的大中型工矿企业所在地，工矿区须经省、自治区、直辖市人民政府批准。

4.6.3 计税依据和税率

4.6.3.1 计税依据

城镇土地使用税以纳税人实际占用的土地面积为计税依据，土地面积计量标准为每平方米。纳税人实际占用的土地面积按下列办法确定：

1. 由省、自治区、直辖市人民政府确定的单位组织测定土地面积的，以测定的面积为准。

2. 尚未组织测量，但纳税人持有政府部门核发的土地使用证书的，以证书确认的土地面积为准。

3. 尚未核发土地使用证书的，应由纳税人申报土地面积，据以纳税，待核发土地使用证以后再作调整。

4.6.3.2 税率

城镇土地使用税采用定额税率，即采用有幅度的差别税额，按大、中、小城市和县城、建制镇、工矿区分别规定每平方米土地使用税年应纳税额。具体标准见表 4–4。

表 4–4　城镇土地使用税税率表

级　别	人口（人）	每平方米税额（元）
大城市	50 万以上	1.5 ~ 30
中等城市	20 万 ~ 50 万	1.2 ~ 24
小城市	20 万以下	0.9 ~ 18
县城、建制镇、工矿区	—	0.6 ~ 12

4.6.4 应纳税额的计算

城镇土地使用税的应纳税额可以通过纳税人实际占用的土地面积乘以该土地所在地段的适用税额求得。其计算公式为：

全年应纳税额 = 实际占用应税土地面积（平方米）× 适用税额

例 4-9

设在某城市的一家企业使用土地面积为 50000 平方米，经税务机关核定，该土地为应税土地，每平方米年税额为 5 元。请计算其全年应缴纳的城镇土地使用税。

全年应缴纳城镇土地使用税 = 50000 × 5 = 250000（元）

4.6.5 征收管理

4.6.5.1 纳税义务发生时间

1. 纳税人购置新建商品房，自房屋交付使用之次月起，缴纳城镇土地使用税。

2. 纳税人购置存量房，自办理房屋权属转移、变更登记手续，房地产权属登记机关签发房屋权属证书之次月起，缴纳城镇土地使用税。

3. 纳税人出租、出借房产，自交付出租、出借房产之次月起，缴纳城镇土地使用税。

4. 以出让或转让方式有偿取得土地使用权的，应由受让方从合同约定交付土地时间的次月起缴纳城镇土地使用税；合同未约定交付时间的，由受让方从合同签订的次月起缴纳城镇土地使用税。

5. 纳税人新征用的耕地，自批准征用之日起满 1 年时开始缴纳土地使用税。

6. 纳税人新征用的非耕地，自批准征用次月起缴纳土地使用税。

7. 自 2009 年 1 月 1 日起，纳税人因土地的权利发生变化而依法终止城镇土地使用税纳税义务的，其应纳税款的计算应截止到土地权利发生变化的当月末。

4.6.5.2 纳税期限

城镇土地使用税实行按年计算、分期缴纳的征收方法，具体纳税期限由省、自治区、直辖市人民政府确定。

4.6.5.3 纳税地点和征收机构

城镇土地使用税在土地所在地缴纳。

纳税人使用的土地不属于同一省、自治区、直辖市管辖的，由纳税人分别向土地所在地的税务机关缴纳土地使用税；在同一省、自治区、直辖市管辖范围内，纳税人跨地区使用的土地，其纳税地点由各省、自治区、直辖市税务局确定。

4.6.6 纳税申报

城镇土地使用税计税方法直观简单，申报操作的重点环节是确定纳税义务人和计税土地面积及适用税额，填写《城镇土地使用税纳税申报表》。

1. 核查企业土地使用证标示的土地面积和实际占用的土地面积，在此基础上核查土地实际所处的类区和用途，以确定征税土地面积的数量和适用的单位税额。

2. 核查拥有土地使用权的实际情况，确认纳税义务人。

3. 核查企业实际占用的减税免税土地面积及核批手续，确认减免税土地面积。

4. 根据当地市、县人民政府制定的税额标准计算应纳税额，按年计算，分期缴纳。

4.7 耕地占用税

耕地占用税是对占用耕地建房或从事其他非农业建设的单位和个人，就其实际占用的耕地面积征收的一种税，它属于对特定土地资源占用课税。

4.7.1 纳税义务人

耕地占用税的纳税义务人，是占用耕地建房或从事非农业建设的单位和个人。

4.7.2 征税范围

耕地占用税的征税范围包括纳税人为建房或从事其他非农业建设而占用的国家所有和集体所有的耕地。

4.7.3 计税依据和税率

4.7.3.1 计税依据

耕地占用税以纳税人占用耕地的面积为计税依据，以每平方米为计量单位。

4.7.3.2 税率

耕地占用税在税率设计上采用了地区差别定额税率。

1. 人均耕地不超过 1 亩的地区（以县级行政区域为单位，下同），每平方米 10 ~ 50 元；

2. 人均耕地超过 1 亩但不超过 2 亩的地区，每平方米 8 ~ 40 元；

3. 人均耕地超过 2 亩但不超过 3 亩的地区，每平方米 6 ~ 30 元；

4. 人均耕地超过 3 亩以上的地区，每平方米 5 ~ 25 元。

经济特区、经济技术开发区和经济发达、人均耕地特别少的地区，适用税额可以适当提高，但最多不得超过上述规定税额的 50%。

4.7.3.3 应纳税额计算

耕地占用税以纳税人实际占用的耕地面积为计税依据，以每平方米土地为计税单位，按适用的定额税率计税。其计算公式为：

应纳税额 = 实际占用耕地面积（平方米）× 适用定额税率

例 4-10

假设某市一家企业新占用 50000 平方米耕地用于工业建设，所占耕地适用的定额税率为 20 元 / 平方米。请计算该企业应纳的耕地占用税。

应纳税额 = 50000 × 20 = 1000000（元）

4.7.4 征收管理

1. 耕地占用税由地方税务机关负责征收。土地管理部门在通知单位或者个人办理占用耕地手续时，应当同时通知耕地所在地同级地方税务机关。

2. 经批准占用耕地的，耕地占用税纳税义务发生时间为纳税人收到土地管理部门办理占用农用地手续通知的当天。

3. 未经批准占用耕地的，耕地占用税纳税义务发生时间为纳税人实际占用耕地的当天。

4. 纳税人占用耕地或其他农用地，应当在耕地或其他农用地所在地申报纳税。

5. 纳税人临时占用耕地，应当依照规定缴纳耕地占用税。纳税人在批准临时占用耕地的期限内恢复所占用耕地原状的，全额退还已经缴纳的耕地占用税。

6. 占用林地、牧草地、农田水利用地、养殖水面以及渔业水域滩涂等其他农用地建房或者从事非农业建设的，比照《耕地占用税暂行条例》的规定征收耕地占用税。建设直接为农业生产服务的生产设施占用前款规定的农用地的，不征收耕地占用税。

4.8 车船税

车船税是以车船为征税对象，向中华人民共和国境内拥有车船的单位和个人征收的一种税。

4.8.1 纳税义务人

车船税的纳税义务人，是指在中华人民共和国境内应税车辆、船舶（以下简称车船）的所有人或者管理人。

4.8.2 征税范围

车船税的征税范围是指在中华人民共和国境内属于《车船税法》所附《车船税税目税额表》规定的应税车辆、船舶。车辆、船舶是指：

1. 依法应当在车船管理部门登记的机动车辆和船舶；

2. 依法不需要在车船管理部门登记、在单位内部场所行驶或者作业的机动车辆和船舶。

4.8.3 税目与税率

车船税的税目税额见表 4--5。

表 4–5　车船税税目税额表

车船类型	税　目	计税单位	年基准税额（元）	备　注
乘用车［按发动机气缸容量（排气量）分档］	1.0 升（含）以下的	每辆	60 ~ 360	核定载客人数 9 人（含）以下
	1.0 升以上至 1.6 升（含）的		300 ~ 540	
	1.6 升以上至 2.0 升（含）的		360 ~ 660	
	2.0 升以上至 2.5 升（含）的		660 ~ 1200	
	2.5 升以上至 3.0 升（含）的		1200 ~ 2400	
	3.0 升以上至 4.0 升（含）的		2400 ~ 3600	
	4.0 升以上的		3600 ~ 5400	

续表

车船类型	税目	计税单位	年基准税额（元）	备注
商用车	客车	每辆	480 ~ 1440	核定载客人数 9 人以上，包括电车
	货车	整备质量每吨	16 ~ 120	1. 包括半挂牵引车、挂车、客货两用汽车、三轮汽车和低速载货汽车等。2. 挂车按照货车税额的 50% 计算
其他车辆	专用作业车	整备质量每吨	16 ~ 120	不包括拖拉机
	轮式专用机械车		16 ~ 120	
摩托车		每辆	36 ~ 180	
船舶	机动船舶	净吨位每吨	3 ~ 6	拖船、非机动驳船分别按照机动船舶税额的 50% 计算；游艇的税额另行规定
	游艇	艇身长度每米	600 ~ 2000	

1. 机动船舶具体适用税额为：

（1）净吨位小于或者等于 200 吨的，每吨 3 元；

（2）净吨位 201 ~ 2000 吨的，每吨 4 元；

（3）净吨位 2001 ~ 10000 吨的，每吨 5 元；

（4）净吨位 10001 吨及以上的，每吨 6 元。

拖船按照发动机功率每 1 千瓦折合净吨位 0.67 吨计算征收车船税。

2. 游艇具体适用税额为：

（1）艇身长度不超过 10 米的游艇，每米 600 元；

（2）艇身长度超过 10 米但不超过 18 米的游艇，每米 900 元；

（3）艇身长度超过 18 米但不超过 30 米的游艇，每米 1300 元；

（4）艇身长度超过 30 米的游艇，每米 2000 元；

（5）辅助动力帆艇，每米 600 元。

4.8.4 应纳税额的计算

1. 购置的新车船，购置当年的应纳税额自纳税义务发生的当月起按月计算。计算公式为：

应纳税额 =（年应纳税额 ÷12）× 应纳税月份数

应纳税月份数 = 12 − 纳税义务发生时间（取月份）+1

2. 已办理退税的被盗抢车船，失而复得的，纳税人应当从公安机关出具相关证明的当月起计算缴纳车船税。

3. 在一个纳税年度内，纳税人在非车辆登记地由保险机构代收代缴机动车车船税，且能够提供合法有效完税证明的，纳税人不再向车辆登记地的地方税务机关缴纳车辆车船税。

4. 已缴纳车船税的车船在同一纳税年度内办理转让过户的，不另纳税，也不退税。

例 4–11

某运输公司拥有载货汽车 30 辆（货车整备质量全部为 10 吨），乘人大客车 50 辆，小客车 10 辆。请计算该公司每年应缴纳的车船税。（注：载货汽车每吨年税额 80 元，乘人大客车每辆年税额 800 元，小客车每辆年税额 600 元）

（1）载货汽车应纳税额 = 30 × 10 × 80 = 24000（元）

（2）乘人汽车应纳税额 = 50 × 800 + 10 × 600 = 46000（元）

全年应纳车船税税额 = 24000 + 46000 = 70000（元）

4.8.5 征收管理

4.8.5.1 纳税期限

车船税纳税义务发生时间为取得车船所有权或者管理权的当月。以购买车船的发票或其他证明文件所载日期的当月为准。

4.8.5.2 纳税地点

车船税的纳税地点为车船的登记地或者车船税扣缴义务人所在地。依法不需要办理登记的车船，车船税的纳税地点为车船的所有人或者管理人所在地。

扣缴义务人代收代缴车船税的，纳税地点为扣缴义务人所在地。

纳税人自行申报缴纳车船税的，纳税地点为车船登记地的主管税务机关所在地。

4.8.6 纳税申报

车船税按年申报，分月计算，一次性缴纳。纳税年度为公历 1 月 1 日至 12 月 31 日。车船税按年申报缴纳。具体申报纳税期限由省、自治区、直辖市人民政府规定。

1. 税务机关可以在车船管理部门、车船检验机构的办公场所集中办理车船税征收事宜。

2. 公安机关交通管理部门在办理车辆相关登记和定期检验手续时，对未提交自上次检验后各年度依法纳税或者免税证明的，不予登记，不予发放检验合格标志。

3. 海事部门、船舶检验机构在办理船舶登记和定期检验手续时，对未提交依法纳税或者免税证明，且拒绝扣缴义务人代收代缴车船税的纳税人，不予登记，不予发放检验合格标志。

4. 对于依法不需要购买机动车交通事故责任强制保险的车辆，纳税人应当向主管税务机关申报缴纳车船税。

5. 纳税人在首次购买机动车交通事故责任强制保险时缴纳车船税或者自行申报缴纳车船税的，应当提供购车发票及反映排气量、整备质量、核定载客人数等与纳税相关的信息及其相应凭证。

6. 从事机动车第三者责任强制保险业务的保险机构为机动车车船税的扣缴义务人，应当在收取保险费时依法代收车船税，并出具代收税款凭证。

4.9 印花税

印花税是以经济活动和经济交往中，书立、领受应税凭证的行为为征税对象征收的一种税。

4.9.1 纳税义务人

印花税的纳税义务人，是在中华人民共和国境内书立、使用、领受《印花税法》所列举凭证的单位和个人。

4.9.2 征税范围

印花税的征税范围具有严格的规定，列入税目范围内的就征税，未列入税目范围内的不征税。印花税共有 13 个税目，即：

1. 购销合同；
2. 加工承揽合同；
3. 建设工程勘察设计合同；
4. 建筑安装工程承包合同；
5. 财产租赁合同；
6. 货物运输合同；
7. 仓储保管合同；
8. 借款合同；
9. 财产保险合同；

10. 技术合同；
11. 产权转移书据；
12. 营业账簿；
13. 权利、许可证照。

4.9.3 税率

4.9.3.1 比例税率

在印花税的13个税目中，各类合同以及具有合同性质的凭证（含以电子形式签订的各类应税凭证）、产权转移书据、营业账簿中记载资金的账簿，适用比例税率。

4.9.3.2 定额税率

在印花税的13个税目中，“权利、许可证照”和“营业账簿”税目中的其他账簿，适用定额税率，均为按件贴花，税额为5元。

印花税税目税率见表4–6。

表4–6 印花税税目税率表

税目	范围	税率	纳税人	说明
1. 购销合同	包括供应、预购、采购、购销结合及协作、调剂、补偿、易货等合同	按购销金额0.3‰贴花	立合同人	
2. 加工承揽合同	包括加工、定做、修缮、修理、印刷、广告、测绘、测试等合同	按加工或承揽收入0.5‰贴花	立合同人	
3. 建设工程勘察设计合同	包括勘察、设计合同	按收取费用0.5‰贴花	立合同人	
4. 建筑安装工程承包合同	包括建筑、安装工程承包合同	按承包金额0.3‰贴花	立合同人	

续表

税目	范围	税率	纳税人	说明
5. 财产租赁合同	包括租赁房屋、船舶、飞机、机动车辆、机械、器具、设备等合同	按租赁金额1‰贴花。税额不足1元的，按1元贴花	立合同人	
6. 货物运输合同	包括民用航空运输、铁路运输、海上运输、内河运输、公路运输和联运合同	按运输费用0.5‰贴花	立合同人	单据作为合同使用的，按合同贴花
7. 仓储保管合同	包括仓储、保管合同	按仓储保管费用1‰贴花	立合同人	仓单或栈单作为合同使用的，按合同贴花
8. 借款合同	银行及其他金融组织和借款人（不包括银行同业拆借）所签订的借款合同	按借款金额0.05‰贴花	立合同人	单据作为合同使用的，按合同贴花
9. 财产保险合同	包括财产、责任、保证、信用等保险合同	按收取保险费1‰贴花	立合同人	单据作为合同使用的，按合同贴花
10. 技术合同	包括技术开发、转让、咨询、服务等合同	按所载金额0.3‰贴花	立合同人	
11. 产权转移书据	包括财产所有权和版权、商标专用权、专利权、专有技术使用权等转移书据、土地使用权出让合同、土地使用权转让合同、商品房销售合同	按所载金额0.5‰贴花	立据人	
12. 营业账簿	生产、经营用账册	记载资金的账簿，按实收资本和资本公积的合计金额0.5‰贴花。其他账簿按件贴花5元	立账簿人	自2018年5月1日起，对纳税人设立的资金账簿按实收资本和资本公积合计金额征收的印花税减半，对按件征收的其他账簿免征印花税

续表

税目	范围	税率	纳税人	说明
13. 权利、许可证照	包括政府部门发给的房屋产权证、工商营业执照、商标注册证、专利证、土地使用证	按件贴花 5 元	领受人	

4.9.4 计税依据和应纳税额的计算

4.9.4.1 计税依据的一般规定

1. 购销合同的计税依据为合同记载的购销金额。

2. 加工承揽合同的计税依据是加工或承揽收入的金额。

3. 建设工程勘察设计合同的计税依据为收取的费用。

4. 建筑安装工程承包合同的计税依据为承包金额。

5. 财产租赁合同的计税依据为租赁金额；经计算，税额不足 1 元的，按 1 元贴花。

6. 货物运输合同的计税依据为取得的运输费金额（即运费收入），不包括所运货物的金额、装卸费和保险费等。

7. 仓储保管合同的计税依据为收取的仓储保管费用。

8. 借款合同的计税依据为借款金额。针对实际借贷活动中不同的借款形式，税法规定了不同的计税方法：

（1）凡是一项信贷业务既签订借款合同，又一次或分次填开借据的，只以借款合同所载金额为计税依据计税贴花；凡是只填开借据并作为合同使用的，应以借据所载金额为计税依据计税贴花。

（2）借贷双方签订的流动资金周转性借款合同，一般按年（期）签订，规定最高限额，借款人在规定的期限和最高限额内随借随还。为避免加重借贷双方的负担，对这类合同只以其规定的最高限额为计税依据，在签订时贴花一次，在限额内随借随还不签订新合同的，不再另贴印花。

（3）对借款方以财产作抵押，从贷款方取得一定数量抵押贷款的合同，应按借款合同贴花；在借款方因无力偿还借款而将抵押财产转移给贷款方时，应再就双方书立的产权书据，按产权转移书据的有关规定计税贴花。

（4）对银行及其他金融组织的融资租赁业务签订的融资租赁合同，应按合同所载租金总额，暂按借款合同计税。

（5）在贷款业务中，如果贷方系由若干银行组成的银团，银团各方均承担一定的贷款数额。借款合同由借款方与银团各方共同书立，各执一份合同正本。对这类合同借款方与贷款银团各方应分别在所执的合同正本上，按各自的借款金额计税贴花。

（6）在基本建设贷款中，如果按年度用款计划分年签订借款合同，在最后一年按总概算签订借款总合同，且总合同的借款金额包括各个分合同的借款金额的，对这类基建借款合同，应按分合同分别贴花，最后签订的总合同，只就借款总额扣除分合同借款金额后的余额计税贴花。

9. 财产保险合同的计税依据为支付（收取）的保险费，不包括所保财产的金额。

10. 技术合同的计税依据为合同所载的价款、报酬或使用费。

11. 产权转移书据的计税依据为所载金额。

12. 营业账簿税目中记载资金的账簿的计税依据为“实收资本”与“资本公积”两项的合计金额。

13. 权利、许可证照的计税依据为应税凭证件数。

4.9.4.2 应纳税额的计算

纳税人的应纳税额，根据应纳税凭证的性质，分别按比例税率或者定额税率计算，其计算公式为：

应纳税额 = 应税凭证计税金额（或应税凭证件数）× 适用税率

例 4-12

某企业 2017 年 8 月开业，当年发生以下相关业务事项：与其他企业订立转移专用技术使用权书据 1 份，所载金额为 200 万元；订立产品购销合同 1 份，所载金额为 500 万元；订立借款合同 1 份，所载金额为 600 万元。请计算该企业当年应缴纳的印花税税额。

（1）企业订立产权转移书据应纳税额

应纳税额 = 2000000 × 0.5‰ = 1000（元）

（2）企业订立购销合同应纳税额

应纳税额 = 5000000 × 0.3‰ = 1500（元）

（3）企业订立借款合同应纳税额

应纳税额 = 6000000 × 0.05‰ = 300（元）

（4）当年企业应纳印花税税额

应纳印花税税额 = 1000 + 1500 + 300 = 2800（元）

4.9.5 征收管理

4.9.5.1 纳税方法

印花税的纳税办法，根据税额大小、贴花次数以及税收征收管理的需要，分别采用以下三种纳税办法。

1. 自行贴花办法。

这种办法，一般适用于应税凭证较少或者贴花次数较少的纳税人。纳税人书立、领受或者使用印花税法列举的应税凭证的同时，纳税义务即已产生，应当根据应纳税凭证的性质和适用的税目税率自行计算应纳税额，自行购买印花税票，自行一次贴足印花税票并加以注销或划销，纳税义务才算全部履行完毕。值得注意的是，纳税人购买了印花税票，支付了税款，国家就取得了财政收入。但就印花税来说，纳税人支付了税款并不等于已履行了纳税义务。纳税人必须自行贴花并注销或划销，这样才算完整地完成了纳税义务。这也就是通常所说的“三自”纳税办法。

对已贴花的凭证，修改后所载金额增加的，其增加部分应当补贴印花税票。凡多贴印花税票者，不得申请退税或者抵用。

2. 汇贴或汇缴办法。

这种办法，一般适用于应纳税额较大或者贴花次数频繁的纳税人。

一份凭证应纳税额超过 500 元的，应向当地税务机关申请填写缴款书或者完税证，将其中一联粘贴在凭证上或者由税务机关在凭证上加注完税标记代替贴花。这就是通常所说的“汇贴”办法。

同一种类应纳税凭证，需频繁贴花的，纳税人可以根据实际情况自行决定是否采用按期汇总缴纳印花税的方式，汇总缴纳的期限为 1 个月。采用按期汇总缴纳方式的纳税人应事先告知主管税务机关。缴纳方式一经选定，1 年内不得改变。主管税务机关接到纳税人要求按期汇总缴纳印花税的告知后，应及时登记，制定相应的管理办法，防止出现管理漏洞。对采用按期汇总缴纳方式缴纳印花税的纳税人，应加强日常监督、检查。

实行印花税按期汇总缴纳的单位，对征税凭证和免税凭证汇总时，凡分别汇总的，按本期征税凭证的汇总金额计算缴纳印花税；凡确属不能分别汇总的，应按本期全部凭证的实际汇总金额计算缴纳印花税。

凡汇总缴纳印花税的凭证，应加注税务机关指定的汇缴戳记、编号并装订成册后，将已贴印花或者缴款书的一联粘附册后，盖章注销，保存备查。

经税务机关核准，持有代售许可证的代售户，代售印花税票取得的税款须专户存储，并按照规定的期限，向当地税务机关结报，或者填开专用缴款书直接向银行缴纳，不得逾期不缴或者挪作他用。代售户领存的印花税票及所售印花税票的税款，如有损失，应负责赔偿。

3. 委托代征办法。

这种办法，主要是通过税务机关的委托，经由发放或者办理应纳税凭证的单位代为征收印花税税款。税务机关应与代征单位签订代征委托书。所谓发放或者办理应纳税凭证的单位，是指发放权利、许可证照的单位和办理凭证的鉴证、公证及其他有关事项的单位。如按照《印花税法》

规定，工商行政管理机关核发各类营业执照和商标注册证的同时，负责代售印花税票，征收印花税税款，并监督领受单位或个人负责贴花。税务机关委托工商行政管理机关代售印花税票，按代售金额 5% 的比例支付代售手续费。

根据《印花税法》规定，发放或者办理应纳税凭证的单位，负有监督纳税人依法纳税的义务，具体是指对以下纳税事项监督：

（1）应纳税凭证是否已粘贴印花；

（2）粘贴的印花是否足额；

（3）粘贴的印花是否按规定注销。

对未完成以上纳税手续的，应督促纳税人当场完成。

4.9.5.2 纳税环节

印花税应当在书立或领受时贴花。具体是指在合同签订时、账簿启用时和证照领受时贴花。如果合同是在国外签订，并且不便在国外贴花的，应在将合同带入境时办理贴花纳税手续。

4.9.5.3 纳税地点

印花税一般实行就地纳税。对于全国性商品物资订货会（包括展销会、交易会等）上所签订合同应纳的印花税，由纳税人回其所在地后及时办理贴花完税手续；对地方主办、不涉及省际关系的订货会、展销会上所签合同的印花税，其纳税地点由各省、自治区、直辖市人民政府自行确定。

4.9.6 纳税申报

4.9.6.1 纳税申报有关规定

印花税纳税义务发生时间为应税凭证书立或领受的当时，即纳税人书立和领受了应税凭证，就应当履行纳税义务贴花完税，具体可采用自贴自缴或按期汇总缴纳的方法。

应纳税额不足 1 角的免纳印花税。应纳税额在 1 角以上的，其税额尾数按四舍五入方法计算贴花。

企业应税凭证所记载的金额为外币的，应按凭证书立、领受当日国家外汇管理局公布的外汇牌价折合为人民币，计算应纳税额。

4.9.6.2 纳税申报规范

1. 了解企业生产经营所属的行业以及生产经营项目的特点，确定应税凭证可能发生的主要范围。

2. 核查企业当期书立的购销合同、加工承揽合同、货物运输合同、技术合同、营业账簿、权利许可证照等，按合同金额和适用的税率计算应纳税额。

3. 核查企业具有合同性质的票据、单据。如运输费用发票，购销单位相互之间开出的订单、要货单、传真函件等，均应视为应税凭证按规定贴花。

4. 核查企业可能发生应税凭证业务的核算账户，如“实收资本”“资本公积”“固定资产”“制造费用”“管理费用”等，以防止漏缴税款。

5. 对于加工承揽合同、货物运输合同等在计税时可作一定金额扣除的应税凭证，还应核查计税金额与扣除金额，确定计税依据。

6. 将本期各应税凭证印花税税额汇总计算后，如税额较小可到税务机关购买印花税票贴花完税并在每枚税票的骑缝处画销；税额较大的（如税法规定为超过 500 元）可用税收缴款书缴纳税款。如果企业应税凭证种类多，纳税次数发生频繁，且金额较大，可向主管税务机关申请采取汇总缴纳的方法。

4.10 烟叶税

烟叶税是以纳税人收购烟叶的收购金额为计税依据征收的一种税。

4.10.1 纳税义务人

在中华人民共和国境内收购烟叶的单位为烟叶税的纳税人，应当依照《烟叶税法》的规定缴纳烟叶税。

4.10.2 征税范围

按照《烟叶税法》的规定，烟叶税的征税范围是指晾晒烟叶、烤烟叶。

4.10.3 税率

烟叶税实行比例税率，税率为20%。烟叶税税率的调整，由国务院决定。

4.10.4 应纳税额的计算

烟叶税应纳税额按照《烟叶税法》的规定，以纳税人收购烟叶实际支付的价款总额和规定的税率计算。其计算公式为：

应纳税额 = 收购烟叶实际支付价款总额 × 税率

纳税人收购烟叶实际支付价款总额包括纳税人支付给烟叶生产销售单位和个人的烟叶收购价款和价外补贴。其中，价外补贴统一按烟叶收购价款的10%计算。

实际支付价款总额 = 收购价款 ×（1+10%）

例 4-13

某烟草公司系增值税一般纳税人，2017年11月收购烟叶300000千克，烟叶收购价格15元/千克，总计4500000元，货款已全部支付。请计算该烟草公司11月收购烟叶应缴纳的烟叶税。

应缴纳烟叶税 = 4500000 ×（1 + 10%）× 20% = 990000（元）

4.10.5 征收管理

烟叶税的征收管理，依照《税收征管法》及其暂行条例的有关规定执行。

1. 纳税义务发生时间。

烟叶税的纳税义务发生时间为纳税人收购烟叶的当天。收购烟叶的当天是指纳税人向烟叶销售者收购付讫收购烟叶款项或者开具收购烟叶凭据的当天。

2. 纳税地点。

纳税人收购烟叶，应当向烟叶收购地的主管税务机关申报纳税。按照税法的有关规定，烟叶收购地的主管税务机关是指烟叶收购地的县级税务局或者其所指定的税务分局、所。

3. 纳税期限。

纳税人应当自纳税义务发生之日起 30 日内申报纳税。具体纳税期限由主管税务机关核定。

4.10.6 纳税申报

烟叶税申报时要填写《烟叶税纳税申报表》。

烟叶税的纳税义务发生时间为纳税人收购烟叶的当日。烟叶税按月计征，纳税人应当于纳税义务发生月终了之日起 15 日内申报并缴纳税款。

4.11 环境保护税

环境保护税是指向在中华人民共和国领域和中华人民共和国管辖的其他海域，直接向环境排放应税污染物的企业事业单位和其他生产经营者征收的一种税。

4.11.1 纳税义务人

在中华人民共和国领域和中华人民共和国管辖的其他海域，直接向环境排放应税污染物的企业事业单位和其他生产经营者为环境保护税的纳税人。应当依照《环境保护税法》规定缴纳环境保护税。

4.11.2 征税范围

环境保护税的征税范围，是《环境保护税法》所附《环境保护税税目税额表》《应税污染物和当量值表》规定的大气污染物、水污染物、固体废物和噪声。

4.11.3 税目和税率

环境保护税税目税额见表 4–7。

表 4–7 环境保护税税目税额表

<table>
<tr><th colspan="2">税目</th><th>计税单位</th><th>税额</th><th>备注</th></tr>
<tr><td colspan="2">大气污染物</td><td>每污染当量</td><td>1.2 ~ 12 元</td><td></td></tr>
<tr><td colspan="2">水污染物</td><td>每污染当量</td><td>1.4 ~ 14 元</td><td></td></tr>
<tr><td rowspan="4">固体废物</td><td>煤矸石</td><td>每吨</td><td>5 元</td><td></td></tr>
<tr><td>尾矿</td><td>每吨</td><td>15 元</td><td></td></tr>
<tr><td>危险废物</td><td>每吨</td><td>1000 元</td><td></td></tr>
<tr><td>冶炼渣、粉煤灰、炉渣、其他固体废物（含半固态、液态废物）</td><td>每吨</td><td>25 元</td><td></td></tr>
<tr><td rowspan="6">噪声</td><td rowspan="6">工业噪声</td><td>超标 1 ~ 3 分贝</td><td>每月 350 元</td><td></td></tr>
<tr><td>超标 4 ~ 6 分贝</td><td>每月 700 元</td><td></td></tr>
<tr><td>超标 7 ~ 9 分贝</td><td>每月 1400 元</td><td></td></tr>
<tr><td>超标 10 ~ 12 分贝</td><td>每月 2800 元</td><td></td></tr>
<tr><td>超标 13 ~ 15 分贝</td><td>每月 5600 元</td><td></td></tr>
<tr><td>超标 16 分贝以上</td><td>每月 11200 元</td><td></td></tr>
</table>

4.11.4 计税依据和应纳税额计算

4.11.4.1 计税依据

1. 应税污染物的计税依据，按照下列方法确定：

（1）应税大气污染物按照污染物排放量折合的污染当量数确定；

（2）应税水污染物按照污染物排放量折合的污染当量数确定；

（3）应税固体废物按照固体废物的排放量确定；

（4）应税噪声按照超过国家规定标准的分贝数确定。

2. 应税大气污染物、水污染物的污染当量数，以该污染物的排放量除以该污染物的污染当量值计算。每种应税大气污染物、水污染物的具体污染当量值，依照《环境保护税法》所附《应税污染物和当量值表》执行。

3. 每一排放口或者没有排放口的应税大气污染物，按照污染当量数从大到小排序，对前三项污染物征收环境保护税。

每一排放口的应税水污染物，按照《环境保护税法》所附《应税污染物和当量值表》，区分第一类水污染物和其他类水污染物，按照污染当量数从大到小排序，对第一类水污染物按照前五项征收环境保护税，对其他类水污染物按照前三项征收环境保护税。

省、自治区、直辖市人民政府根据本地区污染物减排的特殊需要，可以增加同一排放口征收环境保护税的应税污染物项目数，报同级人民代表大会常务委员会决定，并报全国人民代表大会常务委员会和国务院备案。

4. 应税大气污染物、水污染物、固体废物的排放量和噪声的分贝数，按照下列方法和顺序计算：

（1）纳税人安装使用符合国家规定和监测规范的污染物自动监测设备的，按照污染物自动监测数据计算；

（2）纳税人未安装使用污染物自动监测设备的，按照监测机构出具的符合国家有关规定和监测规范的监测数据计算；

（3）因排放污染物种类多等原因不具备监测条件的，按照国务院环境保护主管部门规定的排污系数、物料衡算方法计算；

（4）不能按照上述第（1）项至第（3）项规定的方法计算的，按照省、自治区、直辖市人民政府环境保护主管部门规定的抽样测算的方法核定计算。

4.11.4.2 应纳税额的计算

1. 应税大气污染物的应纳税额为污染当量数乘以具体适用税额；

2. 应税水污染物的应纳税额为污染当量数乘以具体适用税额；

3. 应税固体废物的应纳税额为固体废物排放量乘以具体适用税额；

4. 应税噪声的应纳税额为超过国家规定标准的分贝数对应的具体适用税额。

4.11.5 征收管理

4.11.5.1 征管单位

1. 环境保护税由税务机关依照《税收征管法》和《环境保护税法》的有关规定征收管理。

2. 环境保护主管部门依照《环境保护法》和有关环境保护法律法规的规定负责对污染物的监测管理。

3. 县级以上地方人民政府应当建立税务机关、环境保护主管部门和其他相关单位分工协作工作机制，加强环境保护税征收管理，保障税款及时足额入库。

4. 环境保护主管部门和税务机关应当建立涉税信息共享平台和工作配合机制。

5. 环境保护主管部门应当将排污单位的排污许可、污染物排放数据、环境违法和受行政处罚情况等环境保护相关信息，定期交送税务机关。

6. 税务机关应当将纳税人的纳税申报、税款入库、减免税额、欠缴税款以及风险疑点等环境保护税涉税信息，定期交送环境保护主管部门。

4.11.5.2 纳税义务发生时间和申报期限

1. 纳税义务发生时间为纳税人排放应税污染物的当日。

2. 环境保护税按月计算，按季申报缴纳。不能按固定期限计算缴纳的，可以按次申报缴纳。

纳税人按季申报缴纳的，应当自季度终了之日起 15 日内，向税务机关办理纳税申报并缴纳税款。纳税人按次申报缴纳的，应当自纳税义务发生之日起 15 日内，向税务机关办理纳税申报并缴纳税款。

4.11.5.3 申报地点

1. 纳税人应当向应税污染物排放地的税务机关申报缴纳环境保护税。

2. 纳税人申报缴纳时，应当向税务机关报送所排放应税污染物的种类、数量，大气污染物、水污染物的浓度值，以及税务机关根据实际需要要求纳税人报送的其他纳税资料。

3. 纳税人应当依法如实办理纳税申报，对申报的真实性和完整性承担责任。

4. 税务机关应当将纳税人的纳税申报数据资料与环境保护主管部门交送的相关数据资料进行比对。

5. 税务机关发现纳税人的纳税申报数据资料异常或者纳税人未按照规定期限办理纳税申报的，可以提请环境保护主管部门进行复核，环境保护主管部门应当自收到税务机关的数据资料之日起 15 日内向税务机关出具复核意见。税务机关应当按照环境保护主管部门复核的数据资料调整纳税人的应纳税额。

4.11.5.4 其他管理

1. 依照《环境保护税法》第十条第四项的规定核定计算污染物排放量的，由税务机关会同环境保护主管部门核定污染物排放种类、数量和应纳税额。

2. 纳税人从事海洋工程向中华人民共和国管辖海域排放应税大气污染物、水污染物或者固体废物，申报缴纳环境保护税的具体办法，由国务院税务主管部门会同国务院海洋主管部门规定。

3. 纳税人和税务机关、环境保护主管部门及其工作人员违反《环境保护法》规定的，依照《税收征管法》《环境保护法》和有关法律法规的规定追究法律责任。

4. 各级人民政府应当鼓励纳税人加大环境保护建设投入，对纳税人用于污染物自动监测设备的投资予以资金和政策支持。

5.《环境保护税法》自 2018 年 1 月 1 日起施行。依照《环境保护税法》规定征收环境保护税，不再征收排污费。

4.11.6 纳税申报

环境保护税可以按月计算、按季度申报，也可以按次计算申报。按季度申报的，纳税期限为季度终了之日起 15 日内；按次申报的，为纳税义务发生之日（即排污行为发生之日）起 15 日内。

排污企业应向污染物排放地主管税务机关申报纳税，有排污许可证的，排污口按照排污许可证所载认定。如果生产经营所在地和排污口所在地不属于同一税收管辖区的“跨区域排放”，应与各地的税务机关沟通，并且妥善保管完税证明。

纳税申报的数额要真实准确。例如，对排放大气污染物或水污染物的纳税人而言，虚假申报将导致直接以产生量作为排放量计算污染当量数，计税依据将大大提高。

纳税人从事海洋工程向中华人民共和国管辖海域排放应税大气污染物、水污染物或者固体废物，纳税申报时，申报缴纳环境保护税的具体办法，按照国务院税务主管部门会同国务院海洋主管部门做出的规定进行处理和申报。

4.12 船舶吨税

自中华人民共和国境外港口进入境内港口的船舶（以下简称应税船舶），应当缴纳船舶吨税（以下简称吨税）。

4.12.1 征税范围

吨税的征税范围，是自中华人民共和国境外港口进入境内港口的船舶。

4.12.2 税率

吨税设置优惠税率和普通税率，依照《吨税税目税率表》（见表 4–8）执行。

表 4–8　　吨税税目税率表

税目（按船舶净吨位划分）	税率（元 / 净吨）						备注
	普通税率（按执照期限划分）			优惠税率（按执照期限划分）			
	1 年	90 日	30 日	1 年	90 日	30 日	
不超过 2000 净吨	12.6	4.2	2.1	9.0	3.0	1.5	拖船和非机动驳船分别按相同净吨位船舶税率的 50% 计征税款
超过 2000 净吨，但不超过 10000 净吨	24.0	8.0	4.0	17.4	5.8	2.9	
超过 10000 净吨，但不超过 50000 净吨	27.6	9.2	4.6	19.8	6.6	3.3	
超过 50000 净吨	31.8	10.6	5.3	22.8	7.0	3.8	

注：拖船，是指专门用于拖（推）动运输船舶的专业作业船舶，拖船按照发动机功率每千瓦折合净吨位 0.67 吨；非机动驳船，是指在船舶管理部门登记为驳船的非机动船舶。

4.12.3 应纳税额的计算

吨税按照船舶净吨位和吨税执照期限征收，应纳税额按照船舶净吨位乘以适用税率计算。净吨位，是指由船籍国（地区）政府授权签发的船舶吨位证明书上标明的净吨位。其计算公式为：

应纳税额 = 船舶净吨位 × 定额税率

例 4-14

2017 年 12 月 20 日，B 国某运输公司一艘货轮驶入我国某港口，该货轮净吨位为 40000 吨，货轮负责人已向我国该海关领取了吨税执照，在港口停留期限为 30 天，B 国已与我国签订有相互给予船舶税费最惠国待遇条款。请计算该货轮负责人应向我国海关缴纳的船舶吨税。

（1）根据船舶吨税的相关规定，该货轮应享受优惠税率，每净吨位为 3.3 元。

（2）应缴纳船舶吨税 = 40000 × 3.3 = 132000（元）

4.12.4 征收管理

1. 吨税由海关负责征收。海关征收吨税应当制发缴款凭证。

2. 吨税纳税义务发生时间为应税船舶进入港口的当日。

3. 应税船舶在吨税执照期满后尚未离开港口的，应当申领新的吨税执照，自上一次执照期满的次日起续缴吨税。

4. 应税船舶负责人应当自海关填发吨税缴款凭证之日起 15 日内向指定银行缴清税款。未按期缴清税款的，自滞纳税款之日起，按日加收滞纳税款 0.5‰的滞纳金。

5. 应税船舶到达港口前，经海关核准先行申报并办结出入境手续的，应税船舶负责人应当向海关提供与其依法履行吨税缴纳义务相适应的担保；应税船舶到达港口后，向海关申报纳税。

6. 应税船舶在吨税执照期限内，因修理导致净吨位变化的，吨税执照继续有效。应税船舶办理出入境手续时，应当提供船舶经过修理的证明文件。

因船籍改变而导致适用税率变化的，应税船舶在办理出入境手续时，应当提供船籍改变的证明文件。

7. 吨税执照在期满前毁损或者遗失的，应当向原发照海关书面申请核发吨税执照副本，不再补税。

4.12.5 纳税申报

船舶吨税纳税申报时应注意，纳税义务发生时间为应税船舶进入港口的当日。应税船舶在吨税执照期满后尚未离开港口的，申领应新的吨税执照，并自上一次执照期满的次日起续缴吨税。

申报船舶税的负责人，应当自海关填发吨税缴款凭证之日起 15 日内缴清税款。未按期缴清税款的，自滞纳税款之日起至缴清税款之日止，按日加收滞纳税款万分之五的税款滞纳金。

应税船舶到达港口前，如果是符合经海关核准先行申报并办理出入境手续的，应当向海关提供担保，应税船舶到达港口后，及时向海关申报纳税。

应税船舶在吨税执照期限内发生修理或船籍改变等情况的，应注意以下问题：

1. 因修理、改造导致净吨位变化的，办理出入境手续前，应准备船舶经过修理、改造的证明文件。

2. 因税目税率调整或者船籍改变而导致适用税率变化的，吨税执照继续有效。因船籍改变而导致适用税率变化的，应税船舶在办理出入境手续前，应准备船籍改变的证明文件。

附录

附录一　税率表

增值税税率表[①]

类别	应税行为		增值税税率
销售货物	销售或者进口货物（另有列举的货物除外）		16%
	农产品（含粮食）、自来水、暖气、石油液化气、天然气、食用植物油、冷气、热水、煤气、居民用煤炭制品、食用盐、农机、饲料、农药、农膜、化肥、沼气、二甲醚、图书、报纸、杂志、音像制品、电子出版物		10%
提供加工、修理修配劳务			16%
销售服务	交通运输服务	陆路运输服务	10%
		水路运输服务	
		航空运输服务	
		管道运输服务	
	邮政服务	邮政普遍服务	10%
		邮政特殊服务	
		其他邮政服务	
	电信服务	基础电信服务	10%
		增值电信服务	6%
	建筑服务	工程服务	10%
		安装服务	
		修缮服务	
		装饰服务	
		其他建筑服务	

① 依据《财政部　国家税务总局关于调整增值税税率的通知》（财税〔2018〕32号）规定，纳税人发生增值税应税销售行为或者进口货物，原适用17%和11%税率的，税率分别调整为16%和10%，自2018年5月1日起实施。

续表

类别	应税行为			增值税税率
销售服务	金融服务	贷款服务		6%
		直接收费金融服务		
		保险服务		
		金融商品转让		
	现代服务	研发和技术服务	研发服务	6%
			合同能源管理服务	
			工程勘察勘探服务	
			专业技术服务	
		信息技术服务	软件服务	6%
			电路设计及测试服务	
			信息系统服务	
			业务流程管理服务	
			信息系统增值服务	
		文化创意服务	设计服务	6%
			知识产权服务	
			广告服务	
			会议展览服务	
		物流辅助服务	航空服务	6%
			港口码头服务	
			货运客运场站服务	
			打捞救助服务	
			装卸搬运服务	
			仓储服务	
			收派服务	
		租赁服务	有形动产融资租赁服务	16%
			不动产融资租赁服务	10%
			有形动产经营租赁服务	16%
			不动产经营租赁服务	10%

续表

<table>
<tr><th>类别</th><th colspan="3">应税行为</th><th>增值税税率</th></tr>
<tr><td rowspan="21">销售服务</td><td rowspan="11">现代服务</td><td rowspan="3">鉴证咨询服务</td><td>认证服务</td><td rowspan="3">6%</td></tr>
<tr><td>鉴证服务</td></tr>
<tr><td>咨询服务</td></tr>
<tr><td rowspan="3">广播影视服务</td><td>广播影视节目（作品）制作服务</td><td rowspan="3">6%</td></tr>
<tr><td>广播影视节目（作品）发行服务</td></tr>
<tr><td>广播影视节目（作品）播映服务</td></tr>
<tr><td rowspan="4">商务辅助服务</td><td>企业管理服务</td><td rowspan="4">6%</td></tr>
<tr><td>经纪代理服务</td></tr>
<tr><td>人力资源服务</td></tr>
<tr><td>安全保护服务</td></tr>
<tr><td colspan="2">其他现代服务</td><td>6%</td></tr>
<tr><td rowspan="10">生活服务</td><td rowspan="2">文化体育服务</td><td>文化服务</td><td rowspan="10">6%</td></tr>
<tr><td>体育服务</td></tr>
<tr><td rowspan="2">教育医疗服务</td><td>教育服务</td></tr>
<tr><td>医疗服务</td></tr>
<tr><td rowspan="2">旅游娱乐服务</td><td>旅游服务</td></tr>
<tr><td>娱乐服务</td></tr>
<tr><td rowspan="2">餐饮住宿服务</td><td>餐饮服务</td></tr>
<tr><td>住宿服务</td></tr>
<tr><td colspan="2">居民日常服务</td></tr>
<tr><td colspan="2">其他生活服务</td></tr>
<tr><td rowspan="8">销售无形资产</td><td rowspan="2">技术</td><td colspan="2">专利技术</td><td rowspan="8">6%</td></tr>
<tr><td colspan="2">非专利技术</td></tr>
<tr><td colspan="3">商标</td></tr>
<tr><td colspan="3">著作权</td></tr>
<tr><td colspan="3">商誉</td></tr>
<tr><td rowspan="3">其他权益性无形资产</td><td colspan="2">基础设施资产经营权</td></tr>
<tr><td colspan="2">公共事业特许权</td></tr>
<tr><td colspan="2">配额</td></tr>
</table>

续表

<table>
<tr><th>类别</th><th colspan="2">应税行为</th><th>增值税税率</th></tr>
<tr><td rowspan="18">销售无形资产</td><td rowspan="12">其他权益性无形资产</td><td>经营权（包括特许经营权、连锁经营权、其他经营权）</td><td rowspan="12">6%</td></tr>
<tr><td>经销权</td></tr>
<tr><td>分销权</td></tr>
<tr><td>代理权</td></tr>
<tr><td>会员权</td></tr>
<tr><td>席位权</td></tr>
<tr><td>网络游戏虚拟道具</td></tr>
<tr><td>域名</td></tr>
<tr><td>名称权</td></tr>
<tr><td>肖像权</td></tr>
<tr><td>冠名权</td></tr>
<tr><td>转会费</td></tr>
<tr><td rowspan="6">自然资源使用权</td><td>海域使用权</td><td rowspan="5">6%</td></tr>
<tr><td>探矿权</td></tr>
<tr><td>采矿权</td></tr>
<tr><td>取水权</td></tr>
<tr><td>其他自然资源使用权</td></tr>
<tr><td>土地使用权</td><td>10%</td></tr>
<tr><td rowspan="2">销售不动产</td><td colspan="2">建筑物</td><td rowspan="2">10%</td></tr>
<tr><td colspan="2">构筑物</td></tr>
</table>

消费税税目税率表

税　　目	消费税税率
一、烟	
1. 卷烟	
（1）甲类卷烟［调拨价 70 元（不含增值税）/ 条以上（含 70 元）］	56% 加 0.003 元 / 支
（2）乙类卷烟［调拨价 70 元（不含增值税）/ 条以下］	36% 加 0.003 元 / 支
（3）商业批发	11% 加 0.005 元 / 支

续表

税 目	消费税税率
2. 雪茄烟	36%
3. 烟丝	30%
二、酒	
1. 白酒	20% 加 0.5 元 /500 克（或者 500 毫升）
2. 黄酒	240 元 / 吨
3. 啤酒	
（1）甲类啤酒	250 元 / 吨
（2）乙类啤酒	220 元 / 吨
4. 其他酒	10%
三、高档化妆品	15%
四、贵重首饰及珠宝玉石	
1. 金银首饰、铂金首饰和钻石及钻石饰品	5%
2. 其他贵重首饰和珠宝玉石	10%
五、鞭炮、焰火	15%
六、成品油	
1. 汽油	1.52 元 / 升
2. 柴油	1.20 元 / 升
3. 航空煤油	1.20 元 / 升
4. 石脑油	1.52 元 / 升
5. 溶剂油	1.52 元 / 升
6. 润滑油	1.52 元 / 升
7. 燃料油	1.20 元 / 升
七、摩托车	
1. 气缸容量（排气量，下同）在 250 毫升（含 250 毫升）的	3%
2. 气缸容量在 250 毫升以上的	10%

续表

税　　目	消费税税率
八、小汽车	
1. 乘用车	
（1）气缸容量（排气量，下同）在 1.0 升（含 1.0 升）以下的	1%
（2）气缸容量在 1.0 升以上至 1.5 升（含 1.5 升）的	3%
（3）气缸容量在 1.5 升以上至 2.0 升（含 2.0 升）的	5%
（4）气缸容量在 2.0 升以上至 2.5 升（含 2.5 升）的	9%
（5）气缸容量在 2.5 升以上至 3.0 升（含 3.0 升）的	12%
（6）气缸容量在 3.0 升以上至 4.0 升（含 4.0 升）的	25%
（7）气缸容量在 4.0 升以上的	40%
2. 中轻型商用客车	5%
3. 超豪华小汽车（加征零售环节）	10%
九、高尔夫球及球具	10%
十、高档手表	20%
十一、游艇	10%
十二、木制一次性筷子	5%
十三、实木地板	5%
十四、铅蓄电池	4%
十五、涂料	4%

车辆购置税征收范围表

（一）汽车：包括各类汽车
（二）摩托车 1. 轻便摩托车：最高设计时速不大于 50km/h，发动机气缸总排量不大于 $50cm^3$ 的两个或三个车轮的机动车； 2. 二轮摩托车：最高设计车速大于 50km/h，或发动机气缸总排量大于 $50cm^3$ 的两个车轮的机动车； 3. 三轮摩托车：最高设计车速大于 50km/h，或发动机气缸总排量大于 $50cm^3$，空车重量不大于 400kg 的三个车轮的机动车

续表

（三）电车 1. 无轨电车：以电能为动力，由专用输电电缆线供电的轮式公共车辆； 2. 有轨电车：以电能为动力，在轨道上行驶的公共车辆
（四）挂车 1. 全挂车：无动力设备，独立承载，由牵引车辆牵引行驶的车辆； 2. 半挂车：无动力设备，与牵引车辆共同承载，由牵引车辆牵引行驶的车辆
（五）农用运输车 1. 三轮农用运输车：柴油发动机，功率不大于 7.4kW，载重量不大于 500kg，最高车速不大于 40km/h 的三个车轮的机动车（三轮农用运输车，自 2004 年 10 月 1 日起免征车辆购置税）； 2. 四轮农用运输车：柴油发动机，功率不大于 28kW，载重量不大于 1500kg，最高车速不大于 50km/h 的四个车轮的机动车

企业所得税税率表

基本税率	25%
境内无机构、场所，或境内有机构场所、但取得的所得与机构场所无实际联系的	20%（实际 10%）
小型微利企业	20%
国家认定的高新技术企业	15%

工资、薪金所得个人所得税税率和速算扣除数表

级数	全月含税应纳税所得额	全月不含税应纳税所得额	税率（%）	速算扣除数
1	不超过 1500 元的	不超过 1455 元的	3	0
2	超过 1500 ~ 4500 元的部分	超过 1455 ~ 4155 元的部分	10	105
3	超过 4500 ~ 9000 元的部分	超过 4155 ~ 7755 元的部分	20	555
4	超过 9000 ~ 35000 元的部分	超过 7755 ~ 27255 元的部分	25	1005
5	超过 35000 ~ 55000 元的部分	超过 27255 ~ 41255 元的部分	30	2755
6	超过 55000 ~ 80000 元的部分	超过 41255 ~ 57505 元的部分	35	5505
7	超过 80000 元的部分	超过 57505 元的部分	45	13505

个体工商户的生产、经营所得和对企事业单位的承包经营、承租经营所得个人所得税税率和速算扣除数表

级数	全年含税应纳税所得额	全年不含税应纳税所得额	税率（%）	速算扣除数
1	不超过 15000 元的	不超过 14250 元的	5	0
2	超过 15000 ～ 30000 元的部分	超过 14250 ～ 27750 元的部分	10	750
3	超过 30000 ～ 60000 元的部分	超过 27750 ～ 51750 元的部分	20	3750
4	超过 60000 ～ 100000 元的部分	超过 51750 ～ 79750 元的部分	30	9750
5	超过 100000 元的部分	超过 79750 元的部分	35	14750

劳务报酬所得个人所得税税率和速算扣除数表

级数	每次应纳税所得额	税率（%）	速算扣除数
1	不超过 20000 元的部分	20	0
2	超过 20000 ～ 50000 元的部分	30	2000
3	超过 50000 元的部分	40	7000

资源税税目税率幅度表

序号	税目		征税对象	税率幅度
1	金属矿	铁矿	精矿	1% ～ 6%
2		金矿	金锭	1% ～ 4%
3		铜矿	精矿	2% ～ 8%
4		铝土矿	原矿	3% ～ 9%
5		铅锌矿	精矿	2% ～ 6%
6		镍矿	精矿	2% ～ 6%
7		锡矿	精矿	2% ～ 6%
8		未列举名称的其他金属矿产品	原矿或精矿	税率不超过 20%

续表

序号	税目		征税对象	税率幅度
9	非金属矿	石墨	精矿	3% ~ 10%
10		硅藻土	精矿	1% ~ 6%
11		高岭土	原矿	1% ~ 6%
12		萤石	精矿	1% ~ 6%
13		石灰石	原矿	1% ~ 6%
14		硫铁矿	精矿	1% ~ 6%
15		磷矿	原矿	3% ~ 8%
16		氯化钾	精矿	3% ~ 8%
17		硫酸钾	精矿	6% ~ 12%
18		井矿盐	氯化钠初级产品	1% ~ 6%
19		湖盐	氯化钠初级产品	1% ~ 6%
20		提取地下卤水晒制的盐	氯化钠初级产品	3% ~ 15%
21		煤层（成）气	原矿	1% ~ 2%
22		粘土、砂石	原矿	每吨或立方米 0.1 ~ 5 元
23		未列举名称的其他非金属矿产品	原矿或精矿	从量税率每吨或立方米不超过 30 元；从价税率不超过 20%
24	海盐		氯化钠初级产品	1% ~ 5%
25	原油			6% ~ 10%
26	天然气			6% ~ 10%
27	煤炭			2% ~ 10%

试点省份水资源税最低平均税额表

单位：元 / 立方米

省（区、市）	地表水最低平均税额	地下水最低平均税额
北京	1.6	4
天津	0.8	4
山西	0.5	2
内蒙古	0.5	2
山东	0.4	1.5
河南	0.4	1.5
四川	0.1	0.2
陕西	0.3	0.7
宁夏	0.3	0.7

土地增值税四级超率累进税率表

级数	增值额与扣除项目金额的比例	税率（%）	速算扣除系数（%）
1	不超过 50% 的部分	30	0
2	超过 50% 至 100% 的部分	40	5
3	超过 100% 至 200% 的部分	50	15
4	超过 200% 的部分	60	35

城镇土地使用税税率表

级　别	人口（人）	每平方米税额（元）
大城市	50 万以上	1.5 ~ 30
中等城市	20 万 ~ 50 万	1.2 ~ 24
小城市	20 万以下	0.9 ~ 18
县城、建制镇、工矿区	—	0.6 ~ 12

车船税税目税额表

车船类型	税　目	计税单位	年基准税额（元）	备注
乘用车［按发动机气缸容量（排气量）分档］	1.0 升（含）以下的	每辆	60 ~ 360	核定载客人数 9 人（含）以下
	1.0 升以上至 1.6 升（含）的		300 ~ 540	
	1.6 升以上至 2.0 升（含）的		360 ~ 660	
	2.0 升以上至 2.5 升（含）的		660 ~ 1200	
	2.5 升以上至 3.0 升（含）的		1200 ~ 2400	
	3.0 升以上至 4.0 升（含）的		2400 ~ 3600	
	4.0 升以上的		3600 ~ 5400	
商用车	客车	每辆	480 ~ 1440	核定载客人数 9 人（包括电车）以上
	货车	整备质量每吨	16 ~ 120	1. 包括半挂牵引车、挂车、客货两用汽车、三轮汽车和低速载货汽车等。 2. 挂车按照货车税额的 50% 计算
其他车辆	专用作业车	整备质量每吨	16 ~ 120	不包括拖拉机
	轮式专用机械车		16 ~ 120	
摩托车		每辆	36 ~ 180	
船舶	机动船舶	净吨位每吨	3 ~ 6	拖船、非机动驳船分别按照机动船舶税额的 50% 计算；游艇的税额另行规定
	游艇	艇身长度每米	600 ~ 2000	

印花税税目税率表

税目	范　围	税　率	纳税人	说明
1. 购销合同	包括供应、预购、采购、购销结合及协作、调剂、补偿、易货等合同	按购销金额0.3‰贴花	立合同人	
2. 加工承揽合同	包括加工、定做、修缮、修理、印刷、广告、测绘、测试等合同	按加工或承揽收入0.5‰贴花	立合同人	
3. 建设工程勘察设计合同	包括勘察、设计合同	按收取费用0.5‰贴花	立合同人	
4. 建筑安装工程承包合同	包括建筑、安装工程承包合同	按承包金额0.3‰贴花	立合同人	
5. 财产租赁合同	包括租赁房屋、船舶、飞机、机动车辆、机械、器具、设备等合同	按租赁金额1‰贴花。税额不足1元的，按1元贴花	立合同人	
6. 货物运输合同	包括民用航空运输、铁路运输、海上运输、内河运输、公路运输和联运合同	按运输费用0.5‰贴花	立合同人	单据作为合同使用的，按合同贴花
7. 仓储保管合同	包括仓储、保管合同	按仓储保管费用1‰贴花	立合同人	仓单或栈单作为合同使用的，按合同贴花
8. 借款合同	银行及其他金融组织和借款人（不包括银行同业拆借）所签订的借款合同	按借款金额0.05‰贴花	立合同人	单据作为合同使用的，按合同贴花
9. 财产保险合同	包括财产、责任、保证、信用等保险合同	按收取保险费1‰贴花	立合同人	单据作为合同使用的，按合同贴花
10. 技术合同	包括技术开发、转让、咨询、服务等合同	按所载金额0.3‰贴花	立合同人	
11. 产权转移书据	包括财产所有权和版权、商标专用权、专利权、专有技术使用权等转移书据、土地使用权出让合同、土地使用权转让合同、商品房销售合同	按所载金额0.5‰贴花	立据人	

续表

税目	范 围	税 率	纳税人	说明
12. 营业账簿	生产、经营用账册	记载资金的账簿，按实收资本和资本公积的合计金额0.5‰贴花。其他账簿按件贴花5元	立账簿人	自2018年5月1日起，对纳税人设立的资金账簿按实收资本和资本公积合计金额征收的印花税减半，对按件征收的其他账簿免征印花税
13. 权利、许可证照	包括政府部门发给的房屋产权证、工商营业执照、商标注册证、专利证、土地使用证	按件贴花5元	领受人	

环境保护税税目税额表

税 目		计税单位	税 额	备 注
大气污染物		每污染当量	1.2 ~ 12元	
水污染物		每污染当量	1.4 ~ 14元	
固体废物	煤矸石	每吨	5元	
	尾矿	每吨	15元	
	危险废物	每吨	1000元	
	冶炼渣、粉煤灰、炉渣、其他固体废物（含半固态、液态废物）	每吨	25元	
噪声	工业噪声	超标1 ~ 3分贝	每月350元	
		超标4 ~ 6分贝	每月700元	
		超标7 ~ 9分贝	每月1400元	
		超标10 ~ 12分贝	每月2800元	
		超标13 ~ 15分贝	每月5600元	
		超标16分贝以上	每月11200元	

船舶吨税税目税率表

税目（按船舶净吨位划分）	税率（元 / 净吨）						备注
	普通税率（按执照期限划分）			优惠税率（按执照期限划分）			
	1 年	90 日	30 日	1 年	90 日	30 日	
不超过 2000 净吨	12.6	4.2	2.1	9.0	3.0	1.5	拖船和非机动驳船分别按相同净吨位船舶税率的 50% 计征税款
超过 2000 净吨，但不超过 10000 净吨	24.0	8.0	4.0	17.4	5.8	2.9	
超过 10000 净吨，但不超过 50000 净吨	27.6	9.2	4.6	19.8	6.6	3.3	
超过 50000 净吨	31.8	10.6	5.3	22.8	7.0	3.8	

注：拖船，是指专门用于拖（推）动运输船舶的专业作业船舶，拖船按照发动机功率每千瓦折合净吨位 0.67 吨；非机动驳船，是指在船舶管理部门登记为驳船的非机动船舶。

城市维护建设税等税种税率表

税种	纳税人	税　率	备　注
城市维护建设税	缴纳消费税、增值税的单位和个人	纳税人所在地在市区的，税率为 7%	
		纳税人所在地在县城、镇的，税率为 5%	
		纳税人所在地不在市区、县城或镇的，税率为 1%	
房产税	产权所有人	依照房产余值计算缴纳的，税率为 1.2%	
		依照房产租金收入计算缴纳的，税率为 12%	
契税	转移土地、房屋权属，承受的单位和个人	税率为 3% ~ 5%	由省、自治区、直辖市人民政府此幅度内按本地区实际情况确定

续表

<table>
<tr><th>税种</th><th>纳税人</th><th>税　率</th><th>备　注</th></tr>
<tr><td rowspan="4">耕地占用税</td><td rowspan="4">占用耕地建房或者从事非农业建设的单位和个人</td><td>1. 人均耕地不超过 1 亩的地区，每平方米为 10 ~ 50 元</td><td rowspan="5">各地适用税额，由省、自治区、直辖市人民政府在第 1 款规定的税额幅度内，根据本地区情况核定。各省、自治区、直辖市人民政府核定的适用税额的平均水平，不得低于第 2 款规定的平均税额</td></tr>
<tr><td>2. 人均耕地超过 1 亩但不超过 2 亩的地区，每平方米为 8 ~ 40 元</td></tr>
<tr><td>3. 人均耕地超过 2 亩但不超过 3 亩的地区，每平方米为 6 ~ 30 元</td></tr>
<tr><td>4. 人均耕地超过 3 亩的地区，每平方米为 5 ~ 25 元</td></tr>
<tr><td>烟叶税</td><td>收购烟叶的单位</td><td>税率为 20%</td></tr>
</table>

附录二　申报表

增值税纳税申报表

（一般纳税人适用）

根据国家税收法律法规及增值税相关规定制定本表。纳税人不论有无销售额，均应按税务机关核定的纳税期限填写本表，并向当地税务机关申报。

税款所属时间：自　年　月　日至　年　月　日　　填表日期：　年　月　日　　金额单位：元至角分

<table>
<tr><td>纳税人识别号</td><td colspan="5"></td><td colspan="3">所属行业：</td></tr>
<tr><td>纳税人名称</td><td>（公章）</td><td>法定代表人姓名</td><td></td><td>注册地址</td><td></td><td>生产经营地址</td><td colspan="2"></td></tr>
<tr><td>开户银行及账号</td><td colspan="2"></td><td>登记注册类型</td><td colspan="3"></td><td>电话号码</td><td></td></tr>
</table>

<table>
<tr><td colspan="2" rowspan="2">项　目</td><td rowspan="2">栏次</td><td colspan="2">一般项目</td><td colspan="2">即征即退项目</td></tr>
<tr><td>本月数</td><td>本年累计</td><td>本月数</td><td>本年累计</td></tr>
<tr><td rowspan="10">销售额</td><td>（一）按适用税率计税销售额</td><td>1</td><td></td><td></td><td></td><td></td></tr>
<tr><td>其中：应税货物销售额</td><td>2</td><td></td><td></td><td></td><td></td></tr>
<tr><td>应税劳务销售额</td><td>3</td><td></td><td></td><td></td><td></td></tr>
<tr><td>纳税检查调整的销售额</td><td>4</td><td></td><td></td><td></td><td></td></tr>
<tr><td>（二）按简易办法计税销售额</td><td>5</td><td></td><td></td><td></td><td></td></tr>
<tr><td>其中：纳税检查调整的销售额</td><td>6</td><td></td><td></td><td></td><td></td></tr>
<tr><td>（三）免、抵、退办法出口销售额</td><td>7</td><td></td><td></td><td>—</td><td>—</td></tr>
<tr><td>（四）免税销售额</td><td>8</td><td></td><td></td><td>—</td><td>—</td></tr>
<tr><td>其中：免税货物销售额</td><td>9</td><td></td><td></td><td>—</td><td>—</td></tr>
<tr><td>免税劳务销售额</td><td>10</td><td></td><td></td><td>—</td><td>—</td></tr>
<tr><td rowspan="7">税款计算</td><td>销项税额</td><td>11</td><td></td><td></td><td></td><td></td></tr>
<tr><td>进项税额</td><td>12</td><td></td><td></td><td></td><td></td></tr>
<tr><td>上期留抵税额</td><td>13</td><td></td><td></td><td></td><td>—</td></tr>
<tr><td>进项税额转出</td><td>14</td><td></td><td></td><td></td><td></td></tr>
<tr><td>免、抵、退应退税额</td><td>15</td><td></td><td></td><td>—</td><td>—</td></tr>
<tr><td>按适用税率计算的纳税检查应补缴税额</td><td>16</td><td></td><td></td><td>—</td><td>—</td></tr>
<tr><td>应抵扣税额合计</td><td>17=12+13-14-15+16</td><td></td><td>—</td><td></td><td>—</td></tr>
</table>

续表

	项目	栏次	一般项目		即征即退项目	
			本月数	本年累计	本月数	本年累计
税款计算	实际抵扣税额	18（如 17<11，则为 17，否则为 11）				
	应纳税额	19=11-18				
	期末留抵税额	20=17-18				—
	简易计税办法计算的应纳税额	21				
	按简易计税办法计算的纳税检查应补缴税额	22			—	—
	应纳税额减征额	23				
	应纳税额合计	24=19+21-23				
税款缴纳	期初未缴税额（多缴为负数）	25				
	实收出口开具专用缴款书退税额	26			—	—
	本期已缴税额	27=28+29+30+31				
	①分次预缴税额	28		—		—
	②出口开具专用缴款书预缴税额	29		—	—	—
	③本期缴纳上期应纳税额	30				
	④本期缴纳欠缴税额	31				
	期末未缴税额（多缴为负数）	32=24+25+26-27				
	其中：欠缴税额（≥0）	33=25+26-27		—		—
	本期应补（退）税额	34=24-28-29		—		—
	即征即退实际退税额	35	—	—		
	期初未缴查补税额	36				
	本期入库查补税额	37			—	—
	期末未缴查补税额	38=16+22+36-37			—	—

授权声明		申报人声明	
授权声明	如果你已委托代理人申报，请填写下列资料： 为代理一切税务事宜，现授权＿＿＿＿＿＿＿＿＿＿（地址）＿＿＿＿＿＿＿＿＿＿ 为本纳税人的代理申报人，任何与本申报表有关的往来文件，都可寄予此人。 授权人签字：	申报人声明	本纳税申报表是根据国家税收法律法规及相关规定填报的，我确定它是真实的、可靠的、完整的。 声明人签字：

主管税务机关： 接收人： 接收日期：

增值税纳税申报表

（小规模纳税人适用）

纳税人识别号：□□□□□□□□□□□□□□□□□□□□□□□□□□□□

纳税人名称（公章）： 金额单位：元至角分

税款所属期： 年 月 日至 年 月 日 填表日期： 年 月 日

	项目	栏次	本期数		本年累计	
			货物及劳务	服务、不动产和无形资产	货物及劳务	服务、不动产和无形资产
一、计税依据	（一）应征增值税不含税销售额	1				
	税务机关代开的增值税专用发票不含税销售额	2				
	税控器具开具的普通发票不含税销售额	3				
	（二）销售、出租不动产不含税销售额	4	—		—	
	税务机关代开的增值税专用发票不含税销售额	5	—		—	
	税控器具开具的普通发票不含税销售额	6	—		—	
	（三）销售使用过的固定资产不含税销售额	7（7 ≥ 8）		—		—
	其中：税控器具开具的普通发票不含税销售额	8		—		—
	（四）免税销售额	9=10+11+12				
	其中：小微企业免税销售额	10				
	未达起征点销售额	11				
	其他免税销售额	12				
	（五）出口免税销售额	13（13 ≥ 14）				
	其中：税控器具开具的普通发票销售额	14				

续表

	项目	栏次	本期数		本年累计	
			货物及劳务	服务、不动产和无形资产	货物及劳务	服务、不动产和无形资产
二、税款计算	本期应纳税额	15				
	本期应纳税额减征额	16				
	本期免税额	17				
	其中：小微企业免税额	18				
	未达起征点免税额	19				
	应纳税额合计	20=15-16				
	本期预缴税额	21			—	—
	本期应补（退）税额	22=20-21			—	—

纳税人或代理人声明：	如纳税人填报，由纳税人填写以下各栏：
本纳税申报表是根据国家税收法律法规及相关规定填报的，我确定它是真实的、可靠的、完整的。	办税人员：　　财务负责人： 法定代表人：　　联系电话：
	如委托代理人填报，由代理人填写以下各栏：
	代理人名称（公章）：　　经办人： 联系电话：

主管税务机关：　　接收人：　　接收日期：

中华人民共和国企业所得税月（季）度预缴纳税申报表

（A类，2015年版）

税款所属期：　年　月　日至　年　月　日

纳税人识别号：□□□□□□□□□□□□□□□□□□□□□□□□□

纳税人名称（公章）：　　　　　　　　　　　　金额单位：人民币元（列至角分）

行次	项　目	本期金额	累计金额
1	**一、按照实际利润额预缴**		
2	营业收入		
3	营业成本		
4	利润总额		
5	加：特定业务计算的应纳税所得额		
6	减：不征税收入和税基减免应纳税所得额（请填附表1）		
7	固定资产加速折旧（扣除）调减额（请填附表2）		
8	弥补以前年度亏损		
9	实际利润额（4行+5行-6行-7行-8行）		
10	税率(25%)		
11	应纳所得税额（9行×10行）		
12	减：减免所得税额（请填附表3）		
13	实际已预缴所得税额	—	
14	特定业务预缴（征）所得税额		
15	应补（退）所得税额（11行-12行-13行-14行）	—	
16	减：以前年度多缴在本期抵缴所得税额		
17	本月（季）实际应补（退）所得税额	—	
18	**二、按照上一纳税年度应纳税所得额平均额预缴**		
19	上一纳税年度应纳税所得额	—	
20	本月（季）应纳税所得额（19行×1/4或1/12）		
21	税率（25%）		

续表

<table>
<tr><th>行次</th><th colspan="2">项　目</th><th>本期金额</th><th>累计金额</th></tr>
<tr><td>22</td><td colspan="2">本月（季）应纳所得税额（20 行 ×21 行）</td><td></td><td></td></tr>
<tr><td>23</td><td colspan="2">减：减免所得税额（请填附表 3）</td><td></td><td></td></tr>
<tr><td>24</td><td colspan="2">本月（季）实际应纳所得税额（22 行 –23 行）</td><td></td><td></td></tr>
<tr><td>25</td><td colspan="4">三、按照税务机关确定的其他方法预缴</td></tr>
<tr><td>26</td><td colspan="2">本月（季）税务机关确定的预缴所得税额</td><td></td><td></td></tr>
<tr><td>27</td><td colspan="4">总分机构纳税人</td></tr>
<tr><td>28</td><td rowspan="4">总机构</td><td>总机构分摊所得税额（15 行或 24 行或 26 行 × 总机构分摊预缴比例）</td><td></td><td></td></tr>
<tr><td>29</td><td>财政集中分配所得税额</td><td></td><td></td></tr>
<tr><td>30</td><td>分支机构分摊所得税额（15 行或 24 行或 26 行 × 分支机构分摊比例）</td><td></td><td></td></tr>
<tr><td>31</td><td>其中：总机构独立生产经营部门应分摊所得税额</td><td></td><td></td></tr>
<tr><td>32</td><td rowspan="2">分支机构</td><td>分配比例</td><td></td><td></td></tr>
<tr><td>33</td><td>分配所得税额</td><td></td><td></td></tr>
<tr><td colspan="5">是否属于小型微利企业：　　是□　　否□</td></tr>
<tr><td colspan="5">谨声明：此纳税申报表是根据《中华人民共和国企业所得税法》、《中华人民共和国企业所得税法实施条例》和国家有关税收规定填报的，是真实的、可靠的、完整的。
法定代表人（签字）：　　年　月　日</td></tr>
</table>

<table>
<tr><td>纳税人公章：
会计主管：

填表日期：　年　月　日</td><td>代理申报中介机构公章：
经办人：
经办人执业证件号码：
代理申报日期：　年　月　日</td><td>主管税务机关受理专用章：
受理人：

受理日期：　年　月　日</td></tr>
</table>

国家税务总局监制

中华人民共和国企业所得税月（季）度预缴纳税申报表

（B 类，2015 年版）

税款所属期：　年　月　日至　年　月　日

纳税人识别号：□□□□□□□□□□□□□□□□□□□□

纳税人名称（公章）：　　　　　　　　　　　　金额单位：人民币元（列至角分）

项目			行次	累计金额
一、以下由按应税所得率计算应纳所得税额的企业填报				
应纳税所得额的计算	按收入总额核定应纳税所得额	收入总额	1	
		减：不征税收入	2	
		免税收入	3	
		其中：国债利息收入	4	
		地方政府债券利息收入	5	
		符合条件居民企业之间股息红利等权益性收益	6	
		符合条件的非营利组织收入	7	
		其他免税收入	8	
		应税收入额（1 行 −2 行 −3 行）	9	
		税务机关核定的应税所得率（%）	10	
		应纳税所得额（9 行 ×10 行）	11	
	按成本费用核定应纳税所得额	成本费用总额	12	
		税务机关核定的应税所得率（%）	13	
		应纳税所得额［12 行 ÷(100%−13 行)×13 行］	14	
应纳所得税额的计算		税率（25%）	15	
		应纳所得税额（11 行 ×15 行或 14 行 ×15 行）	16	
应补（退）所得税额的计算		减：符合条件的小型微利企业减免所得税额	17	
		其中：减半征税	18	
		已预缴所得税额	19	
		应补（退）所得税额（16 行 −17 行 −19 行）	20	

续表

<table>
<tr><td colspan="3">项　　目</td><td>行次</td><td>累计金额</td></tr>
<tr><td colspan="5">二、以下由税务机关核定应纳所得税额的企业填报</td></tr>
<tr><td colspan="3">税务机关核定应纳所得税额</td><td>21</td><td></td></tr>
<tr><td>预缴申报时填报</td><td colspan="4">是否属于小型微利企业：　　是□　　　　否□</td></tr>
<tr><td rowspan="2">年度申报时填报</td><td>所属行业：</td><td colspan="2">从业人数：</td><td></td></tr>
<tr><td>资产总额：</td><td colspan="3">国家限制和禁止行业：是□　否□</td></tr>
<tr><td colspan="5">谨声明：此纳税申报表是根据《中华人民共和国企业所得税法》、《中华人民共和国企业所得税法实施条例》和国家有关税收规定填报的，是真实的、可靠的、完整的。
法定代表人（签字）：　　　　年　月　日</td></tr>
<tr><td colspan="2">纳税人公章：

会计主管：
填表日期：　　年　月　日</td><td colspan="2">代理申报中介机构公章：
经办人：
经办人执业证件号码：
代理申报日期：　　年　月　日</td><td>主管税务机关受理专用章：

受理人：
受理日期：　　年　月　日</td></tr>
</table>

国家税务总局监制

附录三

企业所得税优惠政策事项办理办法

国家税务总局公告 2018 年第 23 号

第一条 为落实国务院简政放权、放管结合、优化服务要求，规范企业所得税优惠政策事项（以下简称“优惠事项”）办理，根据《中华人民共和国企业所得税法》（以下简称“企业所得税法”）及其实施条例、《中华人民共和国税收征收管理法》（以下简称“税收征管法”）及其实施细则，制定本办法。

第二条 本办法所称优惠事项是指企业所得税法规定的优惠事项，以及国务院和民族自治地方根据企业所得税法授权制定的企业所得税优惠事项。包括免税收入、减计收入、加计扣除、加速折旧、所得减免、抵扣应纳税所得额、减低税率、税额抵免等。

第三条 优惠事项的名称、政策概述、主要政策依据、主要留存备查资料、享受优惠时间、后续管理要求等，见本公告附件《企业所得税优惠事项管理目录（2017 年版）》（以下简称《目录》）。

《目录》由税务总局编制、更新。

第四条 企业享受优惠事项采取“自行判别、申报享受、相关资料留存备查”的办理方式。企业应当根据经营情况以及相关税收规定自行判断是否符合优惠事项规定的条件，符合条件的可以按照《目录》列示的时间自行计算减免税额，并通过填报企业所得税纳税申报表享受税收优惠。同时，按照本办法的规定归集和留存相关资料备查。

第五条 本办法所称留存备查资料是指与企业享受优惠事项有关的合同、协议、凭证、证书、文件、账册、说明等资料。留存备查资料分为主要留存备查资料和其他留存备查资料两类。主要留存备查资料由企业按照《目录》列示的资料清单准备，其他留存备查资料由企业根据享受优惠事项情况自行补充准备。

第六条 企业享受优惠事项的，应当在完成年度汇算清缴后，将留存备查资料归集齐全并整理完成，以备税务机关核查。

第七条 企业同时享受多项优惠事项或者享受的优惠事项按照规定分项目进行核算的，应当按照优惠事项或者项目分别归集留存备查资料。

第八条 设有非法人分支机构的居民企业以及实行汇总纳税的非居民企业机构、场所享受优惠事项的，由居民企业的总机构以及汇总纳税的主要机构、场所负责统一归集并留存备查资料。分支机构以及被汇总纳税的非居民企业机构、场所按照规定可独立享受优惠事项的，由分支机构以及被汇总纳税的非居民企业机构、场所负责归集并留存备查资料，同时分支机构以及被汇总纳税的非居民企业机构、场所应在当完成年度汇算清缴后将留存的备查资料清单送总机构以及汇总纳税的主要机构、场所汇总。

第九条 企业对优惠事项留存备查资料的真实性、合法性承担法律责任。

第十条 企业留存备查资料应从企业享受优惠事项当年的企业所得税汇算清缴期结束次日起保留 10 年。

第十一条 税务机关应当严格按照本办法规定的方式管理优惠事项，严禁擅自改变优惠事项的管理方式。

第十二条 企业享受优惠事项后，税务机关将适时开展后续管理。在后续管理时，企业应当根据税务机关管理服务的需要，按照规定的期限和方式提供留存备查资料，以证实享受优惠事项符合条件。其中，享受集成电路生产企业、集成电路设计企业、软件企业、国家规划布局内的重点软件企业和集成电路设计企业等优惠事项的企业，应当在完成年度汇算清缴后，按照《目录》“后续管理要求”项目中列示的清单向税务机关提交资料。

第十三条 企业享受优惠事项后发现其不符合优惠事项规定条件的，应当依法及时自行调整并补缴税款及滞纳金。

第十四条 企业未能按照税务机关要求提供留存备查资料，或者提供的留存备查资料与实际生产经营情况、财务核算情况、相关技术领域、产业、目录、资格证书等不符，无法证实符合优惠事项规定条件的，或者存在弄虚作假情况的，税务机关将依法追缴其已享受的企业所得税优惠，并按照税收征管法等相关规定处理。

第十五条 本办法适用于 2017 年度企业所得税汇算清缴及以后年度企业所得税优惠事项办理工作。《国家税务总局关于发布〈企业所得税优惠政策事项办理办法〉的公告》（国家税务总局公告 2015 年第 76 号）同时废止。

附件：企业所得税优惠事项管理目录（2017 年版）

全国税务干部业务学习图书推荐书目

序号	图书名称	作　者	定价（元）	订购册数
学习地税业务适用图书				
1	资源税改革政策和征管业务指南	国家税务总局财产和行为税司　编	49.00	
2	财产行为税法规汇编	国家税务总局财产和行为税司　编	89.00	
3	个人所得税法规汇编（2016 年版）	国家税务总局所得税司　编	79.00	
4	个人所得税政策与实务深度解析（第二版）	卓立峰　编著	76.00	
5	个人所得税 100 讲	程　平　著	40.00	
6	地方税务稽查案例精选	陈　筠　主编	52.00	
学习国税业务适用图书				
1	全面推开营改增业务操作指引	国家税务总局全面推开营改增督促落实领导小组办公室　编	58.00	
2	12366 纳税热点 5（营改增特辑）	国家税务总局　编	8.00	
3	消费税业务操作手册	国家税务总局货物和劳务税司　编	120.00	
4	全国出口退（免）税操作实务	国家税务总局货物和劳务税司　编著	35.00	
5	国税系统财务管理规范 1.0 版	国家税务总局财务管理司　编	49.00	
6	国税系统政府采购工作规范 2.0 版	国家税务总局集中采购中心　编	60.00	
7	政府采购 100 问	国家税务总局集中采购中心　编	10.00	
8	建筑与房地产企业营改增实务操作指南	致通振业税务师事务所　编	48.00	
9	增值税会计处理指南（最新版）——营改增后增值税及其他税种会计处理	陈志坚　编著	32.00	
税收业务学习通用图书				
1	中华人民共和国税收基本法规（2018 年版）	国家税务总局　编	48.00	
2	税务公文处理实用手册（2017 年版）	国家税务总局办公厅　编	75.00	

序号	图书名称	作　者	定价（元）	订购册数
3	税务机关依法行政相关制度文件汇编（2017 年版）	国家税务总局政策法规司　编	60.00	
4	涉税诉讼案例评析	国家税务总局稽查局　编	89.00	
5	2018/2017 政府收入分类科目对照手册	国家税务总局收入规划核算司　编	45.00	
6	国际税收业务政策指引	吉林财政大学、大企业税收研究所　编	58.00	
7	“走出去”税收指引	本书编写组　编	42.00	
8	“大众创业、万众创新”税收优惠政策指引及文件汇编	本书编写组　编	40.00	
9	税收业务知识速学手册	本书编写组　编	49.00	
10	税法 I（2018）	2018 年全国税务师职业资格考试教材编写组　编	54.00	
11	税法 II（2018）		62.00	
12	财务与会计（2018）		80.00	
13	涉税服务相关法律（2018）		67.00	
14	涉税服务实务（2018）		62.00	
15	税收基础知识	国家税务总局教材编写组　编	54.00	
16	税收基础知识习题集		64.00	
17	法律基础知识		38.00	
18	法律基础知识习题集		52.00	
19	小企业会计		82.00	
20	小企业会计习题集		52.00	
21	税务稽查（2017 年版）		70.00	
22	信息技术（2017 年版）	国家税务总局教材编写组　编	89.00	
23	征管评估（2017 年版）		62.00	
24	纳税服务（2017 年版）		59.00	

序号	图书名称	作　者	定价（元）	订购册数
25	行政管理（2017年版）	国家税务总局教材编写组　编	59.00	
26	通用知识和能力（上册、中册、下册）（1.1版）		89.00	
27	转让定价调查与调整实务问答		35.00	
28	企业所得税汇算清缴实务		69.00	
29	税务会计每日一题（2018）	本书编写组　编	26.00	
30	领导干部岗位每日一题（2018）		26.00	
31	廉洁从税每日一题（2018）		26.00	
32	行政管理岗位每日一题（2018）		26.00	
33	征管评估岗位每日一题（2018）		26.00	
34	收入规划核算岗位每日一题（2018）		26.00	
35	信息技术岗位每日一题（2018）		26.00	
36	税收基础每日一题（2018）		26.00	
37	纳税服务岗位每日一题（2018）		26.00	
38	税务稽查岗位每日一题（2018）		26.00	
39	国际税收岗位每日一题（2018）		26.00	
40	大企业税收管理岗位每日一题（2018）		26.00	

订购单位信息表

单位全称		收件人姓名	
地址（邮编）		联系电话	
合计金额（大写）	拾　万　仟　佰　拾　元（小写）　元		

订购说明

1. 请在“订购册数”一栏填写订购数量，并详细填写《订购单位信息表》后传真至出版社发行中心（010）83362047/48。
2. 如有单位需要分发，可将分发电子表发送到出版社相应片区联系人邮箱，并将文件命名为该单位名称。
3. 如汇款为个人，请务必备注单位名称，以便核对信息。

联系人：王 锋（华东、西北区）

电　话：010-83362083；13810939762　　传　真：010-83362047/48

邮　箱：61592244@qq.com

联系人：李震雨（华北、东北区）

电　话：010-83362086；13651294815　　传　真：010-83362047/48

邮　箱：1036500922@qq.com

联系人：马振涛（中南、西南区）

电　话：010-83362085；18612980190　　传　真：010-83362047/48

邮　箱：fgxxb@163.com

银行汇款：

账　　号：0200 0248 1901 4419 858

开户银行：工商银行北京分行天宁寺支行

收款单位：中国税务出版社

地　　址：北京市丰台区广安路9号国投财富广场1号楼11层

邮　　编：100055